筑路材料试验与检测

主 编　慕　莉　刘　华
主 审　杜　辉　薛海历

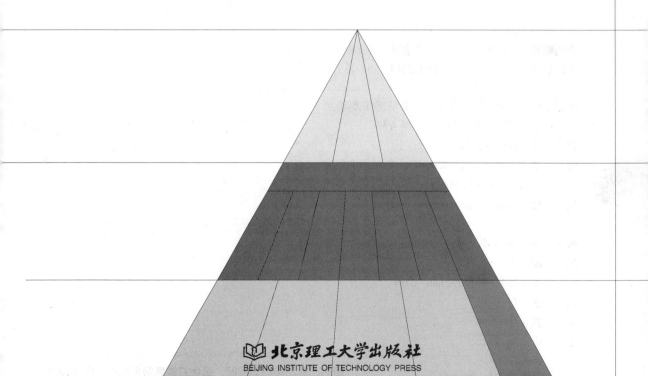

北京理工大学出版社
BEIJING INSTITUTE OF TECHNOLOGY PRESS

图书在版编目（ＣＩＰ）数据

筑路材料试验与检测 / 慕莉，刘华主编. -- 北京：
北京理工大学出版社，2014.6（2024.1重印）
ISBN 978 - 7 - 5640 - 9425 - 6

Ⅰ.①筑… Ⅱ.①慕… ②刘… Ⅲ.①筑路材料–材
料试验②筑路材料–检测 Ⅳ.①U414

中国版本图书馆CIP数据核字（2014）第139703号

责任编辑：洪晓英　　**文案编辑：多海鹏**
责任校对：周瑞红　　**责任印制：边心超**

出版发行 / 北京理工大学出版社有限责任公司
社　　址 / 北京市丰台区四合庄路 6 号
邮　　编 / 100070
电　　话 /（010）68914026（教材售后服务热线）
　　　　　　（010）68944437（课件资源服务热线）
网　　址 / http：//www.bitpress.com.cn

版 印 次 / 2024 年 1 月第 1 版第 3 次印刷
印　　刷 / 定州启航印刷有限公司
开　　本 / 787 mm × 1092 mm　1/16
印　　张 / 11
字　　数 / 300 千字
定　　价 / 30.00 元

国家中职改革与发展示范校建设成果

丛书编委会

前 言
PREFACE

中等职业教育的理念是"以服务为宗旨，以就业为导向"，目的是为社会培养生产、建设、管理、服务一线的应用型人才。教学是中职学校的工作核心；而教材是教学活动的基础，是知识和技能的有效载体。针对中职学校学生的特点，作者在结合多年教学实践和校企合作理论与实践相结合的基础上编写了本教材。

本教材用于培养公路与桥梁专业初、中级技工，具体有以下特点：

1.知识科学性。本教材合理地安排知识和内容，并及时反映现阶段交通建设对专业人才的需要。同时，加强教学针对性，在以适应工作岗位实际需要为主基调的同时，着眼于未来技术的发展方向，为学生在未来接受新的知识和技术奠定基础，使他们有一定的知识储备，以适应未来的工作需要。

2.技能实用性。本教材体现了以能力为本位，以应用为核心，以实用、实际、实效为原则，紧密联系生产实际，充分考虑学生的实际学习能力，选择未来工作岗位所需的知识和技能，重点突出，力求在有限的时间内把需要掌握的知识直接呈现在学生面前。

3.对象针对性。服务于师生，服务于教学，重点突出，注重学生基本素质、基本能力的培养，教材从内容、形式上力求更加贴近实际。以应用型中职院校学生和继续教育学院学生为主要对象，考虑了理论与实践的有机结合，更注意其实际操作能力的培养。

4.使用灵活性。本教材体现了教学内容弹性化、教学要求层次化、教材结构模块化，有利于按需施教、因材施教。教材中所选工作任务均来自工程实际，不仅代表性强，而且对解决实际问题具有较强的针对性。

5.教材开放性。实施开放式的教材编审模式，聘请施工企业生产一线专家直接介入教材的编审工作，更加有利于对教材基本理论的严格把关，有利于反映生产一线的最新技术，也使得技能培训与实际密切结合。

《筑路材料试验与检测》是公路与桥梁工程重点专业核心课程教材，内容包括：土质

PREFACE

路基压实度及土的界限含水量测定；集料、无机结合料稳定材料、沥青、沥青混合料、水泥、水泥砂浆、水泥混凝土、钢筋等技术指标测定。

本教材由陕西省交通高级技工学校高级讲师慕莉和陕西建工第五建设有限公司工程师刘华主编，由陕西省交通高级技工学校讲师杜辉和陕西咸阳市政工程公司高级工程师薛海历主审。参编人员有陕西路桥集团有限公司工程师李伟，陕西省交通高级技工学校教师曹娜、李皓。全书由慕莉统稿。

本书在编写过程中得到了学校领导和老师及企业单位领导和员工的大力支持，在此表示感谢。

由于作者知识水平和教学经验有限，书中难免存在不妥之处，恳请读者批评指正。

编　者

目 录
CONTENTS

模块一　土质路基材料

模块概述

现代公路工程建设中广泛使用土材料。土是由地壳岩石经风化、剥蚀、搬运、沉积形成的，其不仅是公路路基的主要材料，而且与无机结合料等性质不同的材料按一定的方式结合，形成共同受力体，被广泛用于路面基层、底基层及地基加固等工程中。本模块重点介绍土的技术性质和技术标准。

知识目标

◆掌握土的概念及土的三相组成；

◆掌握土的物理性质指标；

◆掌握黏性土的稠度与稠度指标。

技能目标

◆会进行土质路基压实度检测工作；

◆会进行土的界限含水量检测工作。

项目一　土质路基压实度测定

××新建三级公路为土质路基工程结构，现质量监督部门对该工地现场路基压实度提出疑问。作为施工方，为了验证该路基压实度合格，可以用于该工程，做了如下工作。

任务一 土的密度测定

一、试验目的和适用范围

本方法规定在公路工程现场用环刀法测定土基及路面材料的密度和压实度，适用于细粒土及无机结合料细粒土的密度。

二、仪器

取土器（图 1-1）、环刀（图 1-2）、天平（图 1-3）、修土刀、取土器和凡士林等。

图 1-1　取土器　　　　　　　　　图 1-2　环刀　　　　　　　　　图 1-3　天平

三、试验步骤

用人工取土器测定黏性土及无机结合料稳定细粒土密度。

（1）擦净环刀，称取环刀质量 m_1，精确至 0.1 g。

（2）在试验地点，将面积约 30 cm×30 cm 的地面清扫干净，并将压实层铲去表面浮动及不平整的部分，达到一定深度，使环刀打下后，能达到要求的取土深度，但不得扰动下层。

（3）将定向筒齿钉固定于铲平的地面上，顺次将环刀、环盖放入定向筒内与地面垂直。

（4）将导杆保持垂直状态，用取土器落锤将环刀打入压实层中，至环盖顶面与定向筒上口齐平为止。

（5）去掉击实锤和定向筒，用镐将环刀及试样挖出。

（6）轻轻取下环盖，用修土刀自边至中削去环刀两端余土，用直尺检测直至修平为止。

（7）擦净环刀外壁，用天平称取环刀及试样合计质量 m_2，精确至 0.1 g。

（8）自环刀中取出试样，取具有代表性的试样，测定其含水量。

四、计算

按式（1-1）计算密度（ρ）：

$$\rho = \frac{m_2 - m_1}{v} \tag{1-1}$$

式中：ρ——湿密度，g/cm^3；

m_1——环刀质量，g；

m_2——环刀与土合质量，g。

知识点

土的天然密度与土的结构和所含水分的多少以及矿物成分有关，所以在测定土的天然密度时，必须用原状土样，以保持其天然结构状态下的天然含水量。原状土是指天然结构与天然含水率没有发生变化的土。测定土的天然密度也可根据工程的需要制备所需状态的扰动土样。土的天然密度值一般为 $1.60\sim2.20\ g/cm^3$。

任务二　土的含水量测定

一、试验目的

测定土的天然含水量，它是土的基本物理性质指标之一。本试验方法适用于黏质土、粉质土、砂类土和有机质土类。

二、仪器设备

烘箱（图 1-4）、天平、干燥器、称量盒等。

图 1-4　烘箱

三、试验步骤

（1）称盒重 m_1。

（2）取具有代表性试样，细粒土 15～30 g，砂类土、有机土 50 g，放入铝盒内，立即盖好盒盖，称盒与湿土的总质量 m_2。

（3）打开盒盖，放入烘干箱，在 105 ℃～110 ℃恒温下烘干。烘干时间对细粒土不得少于 8 h，对砂类土不得少于 6 h。对含有机质超过 5% 的土，应将温度控制在 65 ℃～70 ℃的恒温下烘干。

（4）取出试样，放入干燥器内冷却（一般只需 0.5～1 h）。冷却后盖好盒盖，称质量 m_3，准确至 0.01 g。

四、计算

按式（1-2）计算含水量：

$$w=\frac{m_2-m_3}{m_3-m_1}\times100\%$$

（1-2）

式中：m_1——称量盒质量，g；

m_2——称量盒与湿土质量，g；

m_3——称量盒与干土质量，g。

小锦囊

精度和允许差：本试验需进行两次平行测定，取其算术平均值，允许平行差值应符合如表 1-1 所示规定。

表 1-1　含水量测定的允许平行差值　　　　　　　　　　　　%

含水量	允许平行差值
5 以下	0.3
40 以下	≤1
40 以上	≤2

附：酒精燃烧法

在土样中加入酒精，利用酒精能在土上燃烧，使土中水分蒸发，将土样烘干。一般应烧三次，本法是快速测定法中较准确的一种，现场测试中用得较多。

一、仪器设备

称量盒、天平、酒精（纯度 95%）、滴管、火柴和调土刀等。

二、试验步骤

（1）取代表性试样（黏质土 5～10 g，砂类土 20～30 g）放入称量盒内，称湿土质量。

（2）用滴管将酒精注入放有试样的称量盒中，直至盒中出现自由液面为止。为使酒精在试样中充分混合均匀，可将盒底在桌面上轻轻敲击。

（3）点燃盒中酒精，燃至火焰熄灭。

（4）将试样冷却数分钟，按第（2）、（3）步的方法重新燃烧两次。

（5）待第三次火焰熄灭后，盖好盒盖，立即称干土质量，准确至 0.1 g。

知识点

土的含水率是指土中所含水分的数量，它是土的基本物理性质指标之一，表征土中含水情况的指标有天然含水率、饱和含水率和饱和度。

任务三　土的标准击实测定

一、适用范围

试验分轻型击实和重型击实。小试筒适用于粒径不大于 25 mm 的土，大试筒适用于粒径不大于 38 mm 的土。

二、仪器设备

（1）标准击实仪（图 1-5）、烘箱及干燥器、天平、台秤（图 1-6）、圆孔筛（图 1-7）、浅盘、土铲。

图 1-5　标准击实仪

图 1-6　台秤

图 1-7　圆孔筛

（2）其他：喷水设备、橡皮榔头、盛土盘、量筒、推土器、铝盒、修土刀和平直尺等。

三、试样

本试验可分别采用不同的方法准备试样，如表 1-2 和表 1-3 所示。

表 1-2　击实试验方法种类

| 试验方法 | 类别 | 锤底直径/cm | 锤质量/kg | 落高/cm | 试筒尺寸 | | | 层数 | 每层击数 | 击实功/(kg·m⁻³) | 最大粒径/mm |
					内径/cm	高/cm	容积/cm³				
重型	Ⅱ₁	5	4.5	45	10	12.7	997	5	27	2 687.0	25
Ⅱ型	Ⅱ₂	5	4.5	45	15.2	17	2 177	3	98	2 677.2	40

表 1-3　试料用量

使用方法	类别	试筒内径/cm	大粒径/mm	试料用量/kg
干土法，试样重复使用	a	10	20	至少 5 个试样，每个用量为 3
		15.2	40	至少 5 个试样，每个用量为 6
干土法，试样不重复使用	b	10	至 20	至少 5 个试样，每个用量为 3
		15.2	至 40	至少 5 个试样，每个用量为 6

（1）干土法（土样重复使用）：将具有代表性的风干土或在 50 ℃下烘干的土样放在橡皮板上用圆木棍碾散，然后过不同孔径的筛。对于小试筒，按四分法取筛土样约 3 kg；对于大试筒，同样按四分法取样约 6.5 kg。

估计土样风干或天然含水量，如风干含水量低于开始含水量太多，则可将土样铺在不吸水的盘上，用喷水设备均匀喷洒适当用量的水，并充分拌和，闷料一夜备用。

（2）干土法（土样不重复使用）：按四分法至少准备 5 个试样，分别加入不同水分（按 2%～3% 含水量递增），拌匀后焖料一夜备用。

四、试验步骤

（1）将击实筒放在坚硬的地面上，按五层法时，每次需 400～500 g（其量应使击实后的土样等于或略高于筒高 1/5）。对于大试筒，先将垫块放入筒内底板上，按五层法时，每层需试样 900（细粒土）～1 100 g（粗粒土）。整平表面，并稍加压紧，然后按规定的击数进行第一层土的击实，击实时击锤应自由垂直落下，锤迹必须均匀分布于土样面，第一层击实后，将试样表面"拉毛"，然后装入套筒，重复上述方法进行其余各土层的击实。小试筒击实后，试样不应高出筒顶面 5 mm；大试筒击实后，试样不应高出筒顶面 6 mm。

（2）用修土刀沿套筒内壁削刮，使试样与套筒脱离后，扭动并取下套筒，齐筒顶细心削平试样，擦净筒外壁，称量（精确至 1 g）。

（3）用推土器推出筒内试样，从试样中心处取样测其含水量，计算至 0.1%。

（4）对于干土法（土样重复使用），将试样搓散，然后按上述方法进行洒水，拌和（但不需要闷料），每次增加 2%～3% 的含水量，其中两个大于和两个小于最佳含水量。

（5）按上述方法进行其他含水量试样的击实试验。

五、计算

按式（1-3）计算击实后的干密度：

$$\rho_d = \frac{\rho}{1+0.01w} \tag{1-3}$$

式中：ρ_d——干密度，g/cm^3；

$\quad\quad\ \rho$——湿密度，g/cm^3；

$\quad\quad\ w$——含水量，%。

小锦囊

（1）以干密度为纵坐标、含水量为横坐标，绘制干密度与含水量的关系曲线，曲线上峰值点的纵、横坐标分别为最大干密度和最佳含水量。如果曲线不能明显绘出峰值点，应进行补点或重做。

（2）击实锤应提升到规定高度，垂直自由落下。

（3）注意每层装土高度的控制。

（4）土样拌和应均匀。

知识点

击实试验时，研究土压实性能的室内基本试验方法。击实是指对土瞬时重复施加一定的机械功，使土体变密的过程。在击实过程中，由于击实是瞬时地作用于土，土中气体有所排出，而土中含水量则基本不变，因此，土样可以预先调制成所需含水量，再将它击实成所需要的密度。

知识链接

一、土与土的三相组成

1. 土的概念

土是由地壳岩石经风化、剥蚀、搬运、沉积，形成由固体矿物、液态水和气体组成的一种集合体。换言之，土是岩石风化的产物，在不同的风化作用条件下可形成不同性质的土，它包括土壤、黏土、砂、岩屑、岩块和砾石等。

2. 土的三相组成

土的三相组成是指土由固体颗粒、液体水和气体三部分组成（即固相、液相和气相）。土中固体颗粒构成土的骨架，骨架之间贯穿着大量孔隙，孔隙中充填着液体水和气体。

随着环境的变化，土的三相比例也会发生相应的变化，土体三相比例不同，土的状态和工程性质也随之各异。例如：

固体＋气体（液体＝0）为干土，此时黏土呈干硬状态，砂土呈松散状态。

固体＋液体＋气体为湿土，此时黏土多为可塑状态。

固体＋液体（气体＝0）为饱和土。

由此可见，研究土的各项工程性质，首先应从最基本的、组成土的三相本身开始。

二、土的粒度成分

自然界的土，作为组成土体骨架的土粒，大小悬殊，性质各异。工程上常把组成土的各种大小颗粒的相互比例关系称为土的粒度成分。土的粒度成分如何，对土的一系列工程性质起着决定性的影响，因此，它是工程性质研究的重要内容之一。

1. 粒组的划分

土的粒度是指土颗粒的大小，以粒径表示，通常以 mm 为单位。土粒由粗到细，粒径将每一区段中所包括大小比例相似且工程性质基本相同的颗粒合并为组，称为粒组。每个粒组的区间内常以其粒径的上、下限给粒组命名，如砾粒、砂粒、粉粒、黏粒等。

2. 粒度成分及粒度分析

工程上常把组成土的各种大小颗粒的相互比例关系，称为土的粒度成分（通常以占总质量的百分比），又称颗粒级配。用指定方法测定土中各个粒组占总质量百分数的试验，称为土的颗粒分析。

目前所采用粒度成分的分析方法可归纳为两大类：一是利用各种方法把各个粒组按粒径分离开来，直接测出各粒组的百分含量，称为直接测定法，如筛分法、移液管法等；二是根据各粒组的某些不同特性，间接地判定土中各粒组的含量，称为间接测定方法，如肉眼鉴定法和比重计法等。

目前，我国常用的粒度分析方法是：对于粒径大于 0.074 mm 的粗粒土，采用筛分法直接测定；对于粒径小于 0.074 mm 的细粒土，主要用静水沉降法测定；若土中粗细颗粒兼有时，则可联合使用上述两种方法。

3. 粒度成分的表示方法

粒度成分经分析后，常用的表示方法有表格法、累计曲线法和三角坐标法。

（1）表格法。

以列表形式直接表达各粒组的相对含量。表格法有两种不同的表示方法，一种是以累计含量百分比表示的，如表1-4所示；另一种是以粒组表示的，如表1-5所示粒度成分的累计百分含量表示法。

表1-4　累计含量百分比

粒径 d_i/mm	粒径小于等于 d_i 的累计百分含量 p_i/%		
	土样 a	土样 b	土样 c
10		100	
5	100.0	75.0	
2	98.9	55.0	
1	92.9	42.7	
0.5	76.5	34.7	
0.25	35.0	28.5	100.0
0.10	9.0	23.6	92.0
0.075		19.0	77.6
0.01		10.9	40.0
0.005		6.7	28.0
0.001		1.5	10.0

表1-5　粒度成分的累计百分含量

粒组/mm	粒度成分（以质量%计）		
	土样 a	土样 b	土样 c
10～5		25.0	
5～2	1.1	20.0	
2～1	6.0	12.3	
1～0.5	16.4	8.0	
0.5～0.25	41.5	6.2	
0.25～0.10	26.0	4.9	8.0
0.10～0.075	9.0	4.6	14.4
0.075～0.01		8.1	37.6
0.01～0.005		4.2	11.1
0.005～0.001		5.2	18.9
<0.001		1.5	10.0

（2）累计曲线法。

通常用半对数坐标纸绘制，横坐标表示粒径 d_i，纵坐标表示小于某一粒径的累积百分数 p_i 的含量。图1-8所示为由提供的数据在半对数坐标纸上绘制的土样的粒度成分累计曲线。

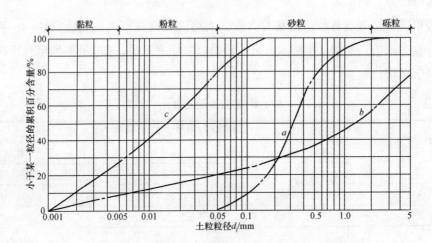

图 1-8 粒度成分累计曲线

从累计曲线上可以看出：曲线平缓，表明土的粒度成分混杂，大小粒组都有，各粒组的相对含量都差不多；曲线坡度较陡，表明土粒比较均匀，斜率最大线段所包括的粒组在土样中的含量最多，成为具有代表性的粒组。

累计曲线的用途主要有以下两个方面：

第一，由累计曲线可以直观地判断土中各粒组的分布情况。曲线 a 表示该土绝大部分是由比较均匀的砂粒组成；而曲线 b 表示该土是由各种粒组的土粒组成，土粒极不均匀；曲线 c 表示该土中砂粒极少，主要由粉粒和黏粒组成。

第二，由累计曲线可确定两个土粒的级配指标：

不均匀系数 C_u：

$$C_u = \frac{d_{60}}{d_{10}} \tag{1-4}$$

曲率系数（或称级配系数）C_c：

$$C_c = \frac{d_{30}^2}{d_{10} d_{60}} \tag{1-5}$$

式中：d_{10}——土的有效粒径，即土中小于该粒径的颗粒质量为 10% 的粒径，mm；

d_{60}——限制粒径，即土中小于该粒径的颗粒质量为 60% 的粒径，mm；

d_{30}——平均粒径，即土中小于该粒径的颗粒质量为 30% 的粒径，mm。

不均匀系数 C_u 反映土的粗细情况和级配情况，C_u 越大，曲线越平缓，表明土颗粒大小分布范围大，土的级配良好；C_u 越小，曲线越陡，表明土粒大小相近似，土的级配不良。一般认为不均匀系数 $C_u < 5$ 时，称为匀粒土，其级配不好；$C_u \geq 5$ 时，其级配良好。

实际上，仅靠不均匀系数 C_u 来确定土的级配情况是不够的，还必须同时考虑曲率系数 C_c 的值。C_c 越大，表明土的均匀程度高；反之，均匀程度低。在工程上，常利用累计曲线确定的土粒两个级配指标值来判定土的级配优劣情况,当同时满足不均匀系数 $C_u \geqslant 5$ 和曲率系数 $C_c = 1 \sim 3$ 这两个条件时,土为级配良好的土;若不能同时满足,则土为级配不良的土。

（3）三角坐标法。

此法可用来表达黏粒、粉粒和砂粒三种粒组的百分含量。它是利用几何上等边三角形中任意一点到三边的垂直距离之和等于三角形的高的原理,即 $h_1 + h_2 + h_3 = H$ 来表达粒度成分的。

如取三角形的高 $H = 100\%$,h_1 为黏土颗粒的含量,h_2 为砂土颗粒的含量,h_3 为粉土颗粒的含量,则在图 1-9 中,m 点即表示土样的粒度成分中黏粒、粉粒和砂粒的百分含量分别为 23%、47% 和 30%。

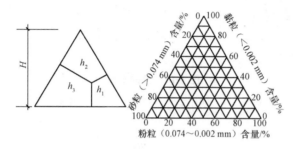

图 1-9 三角坐标表示粒度成分

上述三种方法各有其特点和适用条件。表格法能很清楚地用数量说明土样各粒组含量,但对于大量土样之间的比较就显得过于冗长,且无直观概念,使用比较困难。

累计曲线法能用一条曲线表示一种土的粒度成分,在一张图上可以同时表示多种土的粒度成分,能直观地比较其级配状况。

三角坐标法能用一点表示一种土的粒度成分,在一张图上能同时表示许多种土的粒度成分,便于进行土料的级配设计。三角坐标图中不同的区域表示土的不同组成,因而还可以按粒度成分来确定分类。

三、土的物理性质及其指标

土的物理性质是指土各组成部分（固相、液相和气相）的数量比例、性质和排列方式以及所表现的物理状态,如轻重、干湿、松密程度等。土的物理性质是土最基本的工程性质,在工程建筑过程中,不仅要结合土的成分、结构、含水含气的情况来了解其物理性质的特点和变化规律,而且还要通过试验取得其物理性质各项指标的数据,以作为工程设计的依据。

土的物理性质指标,就是指土中固相、液相、气相三者在体积和质量方面的相互配比的数值。为了分析和计算方便,一般将土的三相关系用简图加以表达（如图 1-10 所示）。

土的物理性质指标分两类：一类是通过试验直接测定的土的天然密度、含水量和土的相对密度；另一类是以这三项指标为依据，由推导而得到的土的干密度、孔隙比、孔隙率、饱和密度、水下密度和饱和度等。

1. 确定三相比例关系的基本物理性质指标

（1）土的相对密度 G_s（土粒比重）。

土的相对密度是指土在 $105\ ℃～110\ ℃$ 下烘干至恒重时的质量与同体积 $4\ ℃$ 蒸馏水质量的比值。它是土的基本物理性质指标之一。

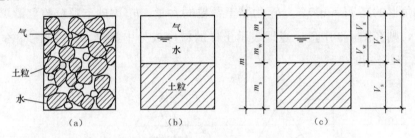

图1-10 土的三相

（a）实际土体；（b）土的三相图；（c）各相的体积与质量

$$G_s = \frac{m_s}{V_s \times \rho} \tag{1-6}$$

式中：G_s——土粒的相对密度；

$\quad\quad m_s$——干土粒的质量，g；

$\quad\quad V_s$——干土粒的体积，cm^3；

$\quad\quad \rho$——水在 $4\ ℃$ 时的密度，g/cm^3。

土的相对密度只与组成土的矿物成分有关，而与土的孔隙大小无关。一般砂土的相对密度为 2.65；黏土的相对密度可达 2.75；含腐殖质多的黏质土其相对密度较小，约为 2.60。

常用测定方法有：比重瓶法、浮称法与虹吸筒法。

（2）土的密度。

土的密度是指土的总质量与土的总体积的比值，单位为 g/cm^3。这里所说的总质量包括：土粒的质量（m_s）、土孔隙中水分（m_w）和气体（m_a）的质量，因气体质量极小，故可视为 $m_a = 0$。根据孔隙中水分情况可将土的密度分为天然密度（ρ）、干密度（ρ_d）、饱和密度（ρ_f）和水下密度（ρ'）。

①天然密度（ρ）。

天然密度是指在天然状态下，土单位体积的质量，包括土粒的质量和孔隙中天然水分的质量，故又称湿密度，按式（1-7）计算。它是土的基本物理性质指标之一。

$$\rho = \frac{m_w + m_s}{V} = \frac{M}{V} \tag{1-7}$$

式中：ρ——土的天然密度，g/cm^3；

m_w——土中水的质量，g；

m_s——土中土粒的质量，g；

V——土的总体积，cm^3；

M——土的总质量，g。

土的密度与土的结构和所含水分的多少以及矿物成分有关，所以在测定土的天然密度时，必须用原状土样。原状土样是指天然结构与天然含水率没有发生变化的土。测定土的天然密度也可根据工程的需要制备所需状态的扰动土样。

土的天然密度值一般为 $1.60 \sim 2.20 \ g/cm^3$。

测定土的天然密度，通常用环刀法。在工程中，根据土情况不同也用电动取土器法、灌水法、灌砂法和蜡封法。

②干密度（ρ_d）。

干密度是指干燥状态下单位体积土的质量，即土中固体土粒的质量（m_s）与土的体积（V）比值。按式（1-8）计算。

$$\rho_d = \frac{m_s}{V} = \frac{\rho}{1 + 0.01w} \tag{1-8}$$

式中：ρ_d——土的干密度，g/cm^3；

m_s——土中土粒的质量，g；

V——土的总体积，cm^3；

ρ——土的天然密度，g/cm^3；

w——土的含水率，%。

土的干密度实际上是土中完全不含水分的密度，它是土密度的最小值。某一土样干密度值的大小，主要取决于土的结构，因为它在这一状态下与含水量无关，且土粒部分的矿物成分是固定的。因此，土的结构，即孔隙度的大小，影响着干密度值。一般规律是：土的干密度值越大，土越密集，空隙度也就越小。干密度在一定程度上反映了土粒排列的紧密程度。在工程中常用它计算压实度 δ，作为人工填土压实的控制指标。

$$\delta = \frac{\rho_d}{\rho_{d_{max}}} \times 100\% \tag{1-9}$$

式中：δ——压实度；

ρ_d——工地实测的干密度；

$\rho_{d_{max}}$——标准击实试验所得的最大干密度。

2. 土的含水性指标

（1）土的天然含水率（w）。

土的天然含水率是指在 105 ℃～110 ℃下烘至恒重时所失去的水分质量和达到恒重土质量的比值，一般用百分数表示，按式（1-10）计算。

$$w=\frac{m_w}{m_s}\times100\% \tag{1-10}$$

式中：w——土的天然含水率，%；

m_s——土中土粒的质量，g；

m_w——土中水的质量，g。

土的天然含水率要求直接采用原状土测定。含水量的测定有多种方法，工程上常用烘干法和酒精燃烧法。

酒精燃烧法，适用于少量试样快速测定。将称完质量的试样盒放在耐热桌面上，倒入酒精至试样表面齐平，点燃酒精燃烧，熄灭后仔细搅拌试样，重复倒入酒精燃烧 3 次，冷却后称其质量。该方法操作简便，可在施工现场试验，对于含有机质的土不宜用该方法测定。

（2）土的饱和含水率（w_g）。

土的饱和含水率是指土的孔隙全部被水充满，达到饱和时的含水率，即土的孔隙中充满水分的质量与土粒质量的比值。

土的饱和度是一个辅助性指标，它可以用来评价土的干湿状态。完全干燥的土，$S_r=0$；完全饱和的土，$S_r=1$。根据土的饱和度，可以把砂类土分为稍湿（$S_r\leqslant50\%$）、很湿（$50\%<S_r\leqslant80\%$）和饱和（$S_r>80\%$）三种状态。

颗粒较粗的砂类土，对含水率的变化不敏感，当发生变化时，它的工程性质变化不大，所以对于砂类土的物理状态可采用 S_r 来反映；但颗粒较细的黏性土，对含水率的变化十分敏感，当随着增加时，体积膨胀，结构也会发生改变，因而黏质土一般不用 S_r 这一指标。

3. 土的孔隙性指标

土中存在着许多孔隙，其所具有的这些特性称为土的孔隙性。土的透水性、压缩性等物理特性，都与土的孔隙性有密切的关系。孔隙性指标有孔隙率与孔隙比。

（1）土的孔隙率（n）。

土的孔隙率是指土体中孔隙的体积占总体积的百分比，又称孔隙度。它表示土中孔隙大小的程度。在工程计算中，n 是常用指标，一般为 30%～50%。当土的结构受外力而改变时，孔隙率也随之而改变。

（2）孔隙比（e）。

孔隙比是土中孔隙的体积与土粒体积的比值，常用小数表示。土的孔隙比直接反映土的紧密程度，孔隙比越大，土越疏松；孔隙比越小，土越密实。一般在天然状态下的土，若 $e<0.6$，可作为良好的地基；若 $e>1$，表明土中 $V_n>V_s$，是工程性质不良的土。

（3）砂类土的相对密实度（D_r）。

密实度是反映砂类土松紧状态的指标，常用相对密实度来表示，也称为无凝聚性土的相对密实度。砂类土天然结构（即土粒排列松紧）的状况，对其工程性质有极大影响。砂类土在最松散状况下的孔隙比值为最大孔隙比 e_{max}；经振动或捣实后，砂砾间相互靠拢压密，其孔隙比为最小孔隙比 e_{min}；在天然状态下的孔隙比为 e。

砂类土的相对密实度就是指最大孔隙比和天然孔隙比之差及最大孔隙比和最小孔隙比之差的比值，一般用小数或百分数表示。

土的主要物理性质指标如表 1-6 所示。

表 1-6 土的主要物理性质指标

指标名称	表达式	参考数值	指标来源	实际应用
相对密度 G_s	$G_s = \dfrac{m_s}{V_s \rho_w}$	2.65~2.75	由试验测定	换算 n、e、ρ_d
密度 $\rho /$ ($g \cdot cm^{-3}$)	$\rho = \dfrac{m}{V}$	1.60~2.20	由试验测定	换算 n、e，说明土的密度
干密度 $\rho_d /$ ($g \cdot cm^{-3}$)	$\rho_d = \dfrac{m_s}{V}$	1.30~2.00	$\rho_d = \dfrac{\rho}{1+w}$	换算 n、e、s，粒度分析，压缩试验资料整理
饱和密度 $\rho_f /$ ($g \cdot cm^{-3}$)	$\rho_f = \dfrac{m_s + V_n \rho_w}{V}$	1.80~2.30	$\rho_f = \dfrac{\rho (G_s-1)}{G_s (1+w)} + 1$ 或 $\rho_f = \rho_d + n\rho_w$	—
水下密度 $\rho' /$ ($g \cdot cm^{-3}$)	$\rho' = \dfrac{m_s + V_s \rho_w}{V}$	—	$\rho_f = \dfrac{\rho (G_s-1)}{G_s (1+w)} + 1$ 或 $\rho' = \rho_f - \rho_w$	计算潜水面以下地基土自重应力；分析人工边坡稳定
天然含水率 $w /\%$	$w = \dfrac{m_w}{m_s} \times 100\%$	0~100%	由试验测定	换算 S_r、ρ_d、n、e，计算土的稠度指标
饱和含水率 $w_g /\%$	$w_g = \dfrac{V_n \rho_w}{m_s} \times 100\%$	0~100%	$w_g = \dfrac{G_s (1-w) - \rho}{G_s \cdot \rho} \times 100\%$	—
饱和度 $S_r /\%$	$S_r = \dfrac{V_w}{V_n} \times 100\%$	—	$S_r = \dfrac{G_s \rho w}{G_s (1+w) - \rho} \times 100\%$	说明土的饱水状态；计算砂土、黄土地基承载力
孔隙率 $n /\%$	$n = \dfrac{V_n}{V} \times 100\%$	—	$n = \left[1 - \dfrac{\rho}{G_s (1+w)} \right] \times 100\%$	计算地基承载力；估计砂土密度和渗透系数；压缩试验调整资料
孔隙比 e	$e = \dfrac{V_n}{V_s}$	—	$e = \dfrac{G_s (1+w)}{\rho} - 1$	说明土中孔隙体积；换算 e 和 ρ'

项目二 土的界限含水量测定

任务 土的液塑限联合测定

一、试验目的

本试验的目的是联合测定土的液限和塑限，为划分土类、计算天然稠度、塑性指数，供公路工程设计和施工使用。本试验适用于粒径不大于 0.5 mm、有机质含量不大于试样总质量 5%的土。

二、仪器

液塑限联合测定仪（图 1-11）、盛土杯（图 1-12）、天平（图 1-13）、筛（孔径 0.5 mm）（图 1-14）、调土刀、调土皿、称量盒、干燥器、吸管、凡士林等。

图 1-11 液塑限联合测定仪

图 1-12 天平

图 1-13 盛土杯

图 1-14 标准筛

三、试验步骤

（1）取有代表性的天然含水量或风干土样进行试验，过 0.5 mm 的筛。

（2）每个盛土皿中放大约 200 g 土样，加入不同数量蒸馏水，土样的含水量分别控制在液限（a 点）、略大于塑限（c 点）和二者的中间状态（b 点）。用调土刀调匀，盖上湿布，放置 18 h 以上。测定 a 点的锥入深度应为（20±0.2）mm，测定 c 点的锥入深度应控制在 5 mm 以下。对于砂类土，测定 c 点的锥入深度可大于 5 mm。

（3）将制备的土样充分搅拌均匀，分层装入盛土杯中，用力压密，使空气逸出，用调土刀反复压实。试杯装满后，刮成与杯边齐平。

（4）调平仪器，接通电源，打开开关，提起锥体，锥头上涂少许凡士林。

（5）将装好土样的试杯放在联合测定仪升降座上，转动升降旋钮，待锥尖刚与土样表面接触时停止升降，锥体立刻自行下沉，经 5 s 时，试锥自动停止下沉，读数窗显示锥入深度 h。

（6）改变锥尖与土接触位置（锥尖两次锥入位置距离不小于 1 cm），重复步骤（3）、（4），得锥入深度 h_2，要求 h_1、h_2 允许误差为 0.5 mm，否则应重作。取 h_1、h_2 平均值作为该点的锥入深度 h。

（7）去掉锥尖入土处的凡士林，取 10 g 以上土样两个，分别装入称量盒内，称质量（精确至 0.01 g），测定其含水率 w_1、w_2（计算到 0.1%），计算含水率平均值 w。

（8）重复步骤（2）、（3）、（4）、（5）、（6），对其他两个含水率进行试验，测其锥入深度和含水率。

小锦囊

（1）在二级双对数坐标纸上，以含水率 w 为横坐标、锥入深度 h 为纵坐标，点绘 a、b、c 三点含水量的 $h-w$ 图，连接此三点，应呈一条直线。如三点不在同一条直线上，则要通过 a 点与 b、c 两点连成两条直线，根据液限（a 点含水量）在 h_P-w_z 图上查得 h_P，以此 h_P 再在 $h-w$ 图上的 ab 及 ac 直线上求出相应的两个含水率，当两个含水率的差值小于 2% 时，以该两点的平均值与 a 点连成一条直线；当两个含水率的差值大于 2% 时，应重做试验。

（2）在 $h-w$ 图上，查得纵坐标入土深度 $h=20$ mm 所对应的横坐标的含水率，即该土样的液限 w_L。

（3）求出液限，通过液限 w_L 与塑限时入土深度 h_P 的关系曲线，查得 h_P，再由 $h-w$ 图求出入土深度为 h_P 时所对应的含水率，即该土样的塑限 w_p。

液限 w_L 与塑限时入土深度 h_P（w_L-h_P）的关系曲线，是按经验公式的计算值绘制成的，其经验公式为：

$$h_P = \frac{w_L}{0.524 \times w_L - 7.606} \tag{1-11}$$

（4）注意保护液塑限稠度仪的试锥。

（5）土样要拌匀。

> **知识点**
>
> 黏质土界限含水率的测定方法很多，过去常用锥式液塑限仪测定液限，现在常用液塑限联合测定仪同时测定液限和塑限。工程实际中也可用搓条法测定塑限。

知识链接

一、黏性土的界限含水率及其测定

1. 稠度、稠度状态和界限含水率

土的软硬程度特性称为稠度。随着含水率的增高，土从固体状态变为半固体状态到可塑状态转变为流动状态，这些不同的物理状态称为土的稠度状态。通常把土的稠度状态分为固态、半固态、塑态和液态等。

黏性土由一种稠度状态转变到另一种稠度状态的分界含水率称为界限含水率。工程上常用的分界含水率有缩限、塑限、液限，它对黏性土的分类和工程性质的评价有重要意义。

（1）缩限（w_s）。黏性土呈半固态不断蒸发水分，则体积不断缩小，直到体积不再变化时的界限含水率称为缩限。

（2）塑限（w_p）。黏性土由半固态转到可塑状态的界限含水率称为塑限。

（3）液限（w_L）。黏性土由可塑状态转到流动状态的界限含水率称为液限。

2. 黏性土的塑性指数（I_p）

土的塑性是指土在一定外力作用下可以塑造成任何形状而不改变其整体性，当外力取消后，在一段时间内仍保持其已变形后的形态而不恢复原状的性能，也称为土的可塑性。塑性状态是黏性土的一种特殊状态，因此，黏性土又称为塑性土。可用塑料指数 I_p（即土的液限与塑限之差）作为判断土可塑性强弱的指标，按式（1-12）计算。

$$I_p = w_L - w_p \tag{1-12}$$

式中：I_p——土的塑性指数；

w_L——土的液限；

w_p——土的塑限。

黏性土的塑性指数大小，主要取决于土中黏粒、胶粒及矿物成分的亲水性，即土中黏粒、胶粒含量越多，亲水性越强，土的塑性指数越大，可塑性越强；反之则越小。在工程地质实践中常用塑性指数值对黏性土进行分类和命名，如表 1-7 所示。

表 1-7　土按塑性指数（I_p）分类

土的名称	砂土（无塑性土）	亚砂土（低塑性土）	亚黏土（中塑性土）	黏土（高塑性土）
塑性指数	$I_p \leqslant 1$	$1 < I_p \leqslant 7$	$7 < I_p \leqslant 17$	$I_p > 17$

根据塑性指数 I_p 值对土进行分类，其局限性较大，只能作为参考，如两种细粒土液限和塑限不同，所得的塑性指数可能相同。细粒土的分类还可用塑性图来命名。

3. 液性指数

黏性土的塑性指数只能反映黏性土某一方面的物理性能，不能反映黏性土在天然状态下的稠度状态。同一类的黏性土，由于稠度状态不同，其物理性质相差很大，为了反映黏性土在天然情况下的稠度状态，可以用液性指数来表示，即土的天然含水率与塑限的差值和塑性指数之比，即：

$$I_L = \frac{w - w_p}{w_L - w_p} \tag{1-13}$$

式中：I_L——土的液性指数；

w_L——土的液限；

w_p——土的塑限。

对于某种黏性土，其液限 w_L 和塑限 w_P 都是一定值，土的天然含水率越大，液性指数越大，土越稀软。在工程上，为了更好地掌握天然土的稠度状态，常将液性指数分为五级，如表 1-8 所示。

表 1-8　黏性土相对稠度状态

液性指数值	$I_L \leqslant 0$	$0 < I_L \leqslant 0.25$	$0.25 < I_L \leqslant 0.75$	$0.75 < I_L \leqslant 1$	$I_L > 1$
稠度状态	干硬状态	硬塑状态	易塑状态	软塑状态	流动状态
	半固体状态		塑性状态		液流状态

另外，液性指数在公路工程中是确定黏性土承载力的重要指标。根据液性指数所判定的稠度状态的标准值，是以室内扰动土样测定的，因未考虑土的结构影响，故只能作参考。在自然界中一般黏土都具有较强的结构连接，故天然含水量大于塑限时，并不表现为塑性状态，仍呈半固态；天然含水率超过液限时，也不表现液流状态。只有天然结构被破坏后才表现出塑态或流态。自然界黏土的这种现象称为潜塑状态或潜流状态。

4. 天然稠度 w_c

黏性土的液限和天然含水率的差值与液限和塑限的差值之比，称为天然稠度，按式（1-14）计算：

$$w_c = \frac{w_L - w}{w_L - w_p} \tag{1-14}$$

在公路工程中，常用天然稠度来区分黏性土的状态，它与液性指数的关系是 $w_c + I_L = 1$。

二、在动荷载作用下的压实性

1. 土的压实性

在工程建设中，经常遇到填土或软弱地基，为了改善这些土的工程性质，常采用压实

（或夯实）的方法使土变得密实，称为土的击实性。使土变密实的方法是指采用人工或机械方法对土施以夯压能量（如夯、碾、振动等），使土中颗粒在短时间内重新排列紧密，获得最佳结构，以改善和提高土的力学性能。

填土与天然土层不同，填土经过挖掘、搬运之后，其原状结构已被破坏，含水率已发生变化，堆填时必然在土团之间留下许多大空隙，未经压实的填土强度低，压缩性大而且不匀，遇水也易发生塌陷、崩解等现象。为使其满足工程要求，必须按一定标准压实，特别是像路堤这样的土工构筑物，在车辆的频繁运行和反复荷载作用下，可能出现不均匀或过大的下沉或塌落，甚至失衡滑动，从而恶化运营条件以及增加维修工作量，所以路堤填土必须具有足够的密实度才能确保行车平顺和安全。

2. 标准击实试验

击实是指对土瞬时重复施加一定的机械功使土体变密的过程。

3. 压实特性

（1）黏性的压实特性。

图 1-15 所示为根据黏性土的击实数据绘出的击实曲线。由图 1-15 可知，随着含水率的增加，土的干密度也逐渐增大，表明压实效果逐步提高，当含水率超过某一限值时，干密度则随着含水率增大而减小，即压密效果下降。这说明土的压实效果随着含水率变化而变化，并在击实曲线中出现一个峰值，相应于这个峰值的含水率即最佳含水率（w_{op}）。

同一种土样塑限与土的最佳含水率有一定的内在联系，根据实践经验可知：黏性土的最佳含水率与土的塑性之间的关系是：$w_{op}=w_p+2$。土中所含黏土矿物越多，颗粒越细，最佳含水率越大。另外，最佳含水率还与击实功的大小有关。除了含水率、击实功对土的压实影响以外，土粒级配对压密效果也有显著影响，均匀颗粒的土不易压密，因此，在工程建设中，要选择符合级配要求的土作为路堤填料。

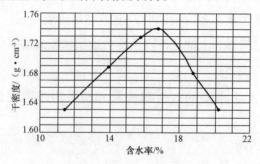

图 1-15　击实曲线

（2）无黏性土的击实特性。

无黏性土颗粒较粗，颗粒之间没有或只有很小的黏聚力，不具有可塑性，多成单粒结构，压缩性小，透水性高，抗剪强度较大，且含水率的变化对其性质影响不显著。

工程实践证明，对于无黏性土的压实，应该有一定的静荷载与动荷载联合作用，才能达到较好的压实度。

4. 土基的承载能力

在车轮荷载作用下，路基路面结构的强度与刚度除了和材料的品质有关之外，路基的支撑也起着决定性的作用，路基作为公路路面结构的基础，抵抗荷载变形能力的大小主要取决于路基顶面在一定级位下抵抗变形的能力。所以路基的承载能力常用在一定应力级位下抵抗变形的能力来表征。用于表征土基承载能力的参数指标有回弹模量、加州承载比等。

加州承载比是早年由美国加利福尼亚州公路局提出的一种评定土基及路面材料承载能力的主要指标，简称 CBR。所谓 CBR 值是指试件抵抗局部荷载压入变形达 2.5 mm 时的强度与标准碎石压入相同贯入量时标准碎石强度的比值。标准碎石的强度是用高质量碎石材料由试验求得，其与贯入量之间的关系如表 1-9 所示。

表 1-9 不同贯入量时的标准荷载强度与标准荷载

贯入量/mm	标准荷载强度/kPa	标准荷载/kN	贯入量/mm	标准荷载强度/kPa	标准荷载/kN
2.5	7 000	13.7	10.0	16 200	31.8
5.0	10 500	20.3	12.5	18 300	36.0
7.5	13 400	26.3			

《公路工程质量检验评定标准》规定，路基填方材料的最小 CBR 值应符合表 1-10 的要求。

表 1-10 路基填方材料最小强度和最大粒径

项目分类（路面底面以下深度）		填料最小强度（CBR）/%			填料最大粒径/mm
		高速公路、一级公路	二级公路	三、四级公路	
路堤	上路床（0~30 cm）	8.0	6.0	5.0	100
	下路床（30~80 cm）	5.0	4.0	3.0	100
	上路床（80~150 cm）	4.0	3.0	3.0	150
	下路床（>150 cm）	3.0	2.0	2.0	150
零填及挖方路基	0~30 cm	8.0	6.0	5.0	100
	30~80 cm	5.0	4.0	3.0	100

模块二　路面基层材料

 **模块概述**

现代建筑物中广泛使用集料和无机结合料等材料。集料可以作为水泥混凝土、沥青混凝土中起骨架和填充作用的粒料，或者和结合料共同作用，按一定的方式结合成一个共同受力体，被广泛用于道路和桥梁等结构中。本模块重点介绍集料、石灰的技术性质和技术标准、无机结合料稳定土技术性质及其组成配合比设计等内容。

知识目标

◆掌握集料的技术性质和技术指标；

◆掌握石灰的技术性质与技术指标；

◆掌握无机结合料稳定土的技术性质及其组成配合比设计。

技能目标

◆会进行集料技术指标检测工作；

◆会进行石灰技术指标检测工作；

◆会进行无机结合料稳定土配合比设计及其技术指标检测工作。

项目一　集料技术指标测定

××大桥桥墩为钢筋混凝土结构，现质量监督部门对该工地现场所用砂石原材料质量提出疑问。作为施工方，为了验证该砂石原材料质量是否合格，能否用于该工程，做了如下工作。

任务一　细集料的密度测定（容量瓶法）

一、试验目的

用容量瓶法测定细集料（天然砂、石屑、机制砂）在 23 ℃时对水的表观相对密度和表观密度（适用于含有少量大于 2.36 mm 部分的细集料）。

二、仪器设备

天平、烘箱、烧杯、干燥器（图 2-1）、浅盘、铝质料勺、温度计、500 mL 容量瓶（图 2-2）。

图 2-1　干燥器

图 2-2　500 mL 容量瓶

三、试验准备

将缩分至 650 g 左右的试样在温度为 105 ℃±5 ℃的烘箱中烘干至恒重，并在干燥器内冷却至室温，分成两份备用。

四、试验步骤

（1）称取烘干的试样约 300 g（m_0），装入盛有半瓶洁净水的容量瓶中。

（2）摇转容量瓶，使试样在已保温至 23 ℃±1.7 ℃的水中充分搅动以排除气泡，塞紧瓶塞，在恒温条件下静置 24 h 左右，然后用滴管添水，使水面与瓶颈刻度线平齐，再塞紧瓶塞，擦干瓶外水分，称其总质量（m_2）。

（3）倒出瓶中的水和试样，将瓶的内外表面洗净，再向瓶内注入同样温度的洁净水（温差不超过 1 ℃）至瓶颈刻度线，塞紧瓶塞，擦干瓶外水分，称其总质量（m_1）。

注：在砂的表观密度试验过程中应测量并控制水的温度，试验期间的温差不得超过 1 ℃。

五、结果计算与评定

（1）细集料的表观相对密度按式（2-1）计算至小数点后 3 位。

$$\gamma_a = \frac{m_0}{m_0 + m_1 + m_2} \qquad (2\text{-}1)$$

式中：γ_a——集料的表观相对密度，量纲为 1；

m_0——试样的烘干质量，g；

m_1——水及容量瓶总质量，g；

m_2——试样、水及容量瓶总质量，g。

（2）表观密度 ρ_a 按式（2-2）计算，准确至小数点后 3 位。

$$\rho_a = \gamma_a \times \rho_T \text{ 或 } \rho_a = (\gamma_a - \alpha_T) \times \rho_\Omega \qquad (2\text{-}2)$$

式中：ρ_a——细集料的表观密度，g/cm^3；

ρ_Ω——水在 4 ℃时的密度，g/cm^3；

α_T——试验时的水温对水密度影响的修正系数，按表 2-1 取用；

ρ_T——试验温度为 T 时水的密度，g/cm^3，按表 2-1 取用。

表 2-1　不同水温时水的温度 ρ_T 及水温修正系数 α_T

水温/℃	15	16	17	18	19	20
水的密度 ρ_T/（g·cm^{-3}）	0.999 13	0.998 97	0.998 80	0.998 62	0.998 43	0.998 22
水温修正系数 α_T	0.002	0.003	0.003	0.004	0.004	0.005
水温/℃	21	22	23	24	25	
水的密度 ρ_T/（g·cm^{-3}）	0.998 02	0.997 79	0.997 56	0.997 33	0.997 02	
水温修正系数 α_T	0.005	0.006	0.006	0.007	0.007	

小锦囊

以两次平行试验结果的算术平均值作为测定值，如两次结果之差大于 0.01 g/cm^3，则应重新取样进行试验。

知识点

细集料表观密度的大小，主要取决于细集料的种类和风化程度。风化严重的细集料表观密度小、强度低、稳定性差，所以表观密度是衡量细集料品质的主要技术指标之一。其测定方法有容量瓶法和李氏比重瓶法。细集料的表观密度一般为 2.6～2.7 g/m^3。

任务二 细集料含泥量测定（筛洗法）

一、试验目的

此方法仅用于测定天然砂中粒径小于 0.075 mm 的尘屑、淤泥和黏土的含量，不适用于人工砂、石屑等矿粉成分较多的细集料。

二、仪具

天平（图 2-3）、烘箱（图 2-4）、标准筛、筒、浅盘等。

图 2-3　天平

图 2-4　烘箱

三、试验准备

将试样用四分法缩分至每份约 1 000 g，置于温度为 105 ℃±5 ℃的烘箱中烘干至恒重，冷却至室温后，称取约 400 g（m_0）的试样两份备用。

四、试验步骤

（1）取烘干的试样一份置于筒中，并注入洁净的水，使水面高出砂面约 200 mm，充分拌和均匀后，浸泡 24 h，然后用手在水中淘洗试样，使尘屑、淤泥、黏土与砂粒分离，并使之悬浮于水中，缓缓地将浑浊液倒入 1.18～0.075 mm 的套筛上，滤去小于 0.075 mm 的颗粒，试验前筛子的两面应先用水湿润，在整个试验过程中应注意避免砂粒丢失。

注：不得直接将试样放在 0.075 mm 的筛子上用水冲洗，或者将试样放在 0.075 mm 的筛子上后在水中淘洗，以免误将小于 0.075 mm 的砂颗粒当作泥冲走。

（2）再次加水于筒中，重复上述过程，直至筒内砂样洗出的水清澈为止。

（3）用水冲洗留在筛上的细粒，并将 0.075 mm 筛放在水中（使水面略高出筛中砂粒的上表面）来回摇动，以充分洗除小于 0.075 mm 的颗粒；然后将两筛上筛余的颗粒和筒中已经洗净的试样一并装入浅盘，置于温度为 105 ℃±5 ℃的烘箱中烘干至恒重，冷却至室温，称取试样的质量（m_1）。

五、计算

砂的含泥量计算精确至 0.1%：

$$Q_n = \frac{m_0 - m_1}{m_0} \times 100\% \qquad (2\text{-}3)$$

式中：Q_n——砂的含泥量，%；

m_0——试验前的烘干试样质量，g；

m_1——试验后的烘干试样质量，g。

> **小锦囊**
>
> 以两个试样试验结果的算术平均值作为测定值。两次结果的差值超过 0.5% 时，应重新取样进行试验。

> **知识点**
>
> 含泥量是指细集料中粒径小于 0.075 mm 的尘屑、淤泥和黏土的含量。这些颗粒在集料表面形成包裹层，妨碍集料与水泥的黏附，或者以松散的颗粒存在，增加集料的表面积，增大需水量。特别是黏土颗粒，体积不稳定，干燥时收缩，潮湿时膨胀，对混凝土有很大的破坏作用，会影响混凝土的强度和耐久性。

任务三　细集料颗粒级配及细度测定

一、试验目的

测定细集料（天然砂、人工砂、石屑）的颗粒级配及粗细程度。对水泥混凝土用细集料可采用干筛法，如果需要也可采用水洗法筛分；对沥青混合料及基层用细集料必须用水洗法筛分。

注：当细集料中含有粗集料时，可参照此方法用水洗法筛分，但需特别注意保护标准筛筛面不遭损坏。

二、仪具与材料

标准筛（图 2-5）、天平、摇筛机、烘箱、浅盘、软毛刷等。

三、试验准备

根据样品中最大粒径的大小，选用适宜的标准筛，通常为 9.5 mm 筛（水泥混凝土用天然砂）或 4.75 mm 筛（沥青路面及基层用天然砂、石屑、机制砂等）筛除其中的超粒径材料，然后将样品在潮湿状态下充分拌匀，用分料器法或四分法缩分至每份不少于 550 g 的试样两份，在 105 ℃±5 ℃ 的烘箱中烘干至恒重，冷却至室温后备用。

图 2-5 标准筛

注：恒重是指相邻两次称量间隔时间大于 3 h（通常不少于 6 h）的情况下，前后两次称量之差小于该项试验所要求的称量精密度。下同。

四、试验步骤

1. 干筛法试验步骤

（1）准确称取烘干试样约 500 g（m_1），精确至 0.5 g，置于套筛的最上面，即 4.75 mm 筛上，将套筛装入摇筛机，摇筛约 10 min，然后取出套筛，再按筛孔大小顺序，从最大的筛号开始，在清洁的浅盘上逐个进行手筛，直到每分钟的筛出量不超过筛上剩余量的 0.1% 为止，将筛出通过的颗粒并入下一号筛，和下一号筛中的试样一起过筛，以此顺序进行至各号筛全部筛完为止。

注：①试样如为特细砂时，其质量可减少到 100 g。

②如试样含泥量超过 5%，则不宜采用干筛法。

③无摇筛机时，可直接用手筛。

（2）称量各筛筛余试样的质量，精确至 0.5 g。所有各筛的分计筛余量与底盘中剩余量的总质量和筛分前的试样总质量之差不得超过后者的 1%。

2. 水洗法试验步骤

（1）准确称取烘干试样约 500 g（m_1），精确至 0.5 g。

（2）将试样置一洁净容器中，加入足够数量的洁净水，将集料全部淹没。

（3）用搅棒充分搅动集料，将集料表面洗涤干净，使细粉悬浮在水中，但不得有集料从水中溅出。

（4）用 1.18 mm 筛及 0.075 mm 筛组成套筛，仔细将容器中混有细粉的悬浮液徐徐倒出，经过套筛流入另一容器中，但不得将集料倒出。

注：不可直接倒至 0.075 mm 筛上，以免集料掉出损坏筛面。

（5）重复步骤（2）～（4），直至倒出的水洁净且小于 0.075 mm 的颗粒全部倒出为止。

（6）将容器中的集料倒入搪瓷盘中，用少量水冲洗，使容器上黏附的集料颗粒全部进入搪瓷盘中，将筛子反扣过来，用少量的水将筛上集料冲入搪瓷盘中。操作过程中不得有集料散失。

（7）将搪瓷盘连同集料一起置于 105 ℃±5 ℃烘箱中烘干至恒重，称取干燥集料试样的总质量（m_2），精确至 0.1%。m_1 与 m_2 之差即通过 0.075 mm 筛子的部分。

（8）将全部筛孔组成套筛（但不需 0.075 mm 筛），将已经洗去小于 0.075 mm 部分的干燥集料置于套筛上（通常为 4.75 mm 筛），将套筛装入摇筛机，摇筛约 10 min，然后取出套筛，再按筛孔大小顺序，从最大的筛号开始，在清洁的浅盘上逐个进行手筛，直至每分钟的筛出量不超过筛上剩余量的 0.1% 为止。将筛出通过的颗粒并入下一号筛，和下一号筛中的试样一起过筛，这样顺序进行，直至各号筛全部筛完为止。

注：如为含有粗集料的集料混合料，套筛筛孔根据需要选择。

（9）称量各筛筛余试样的质量，精确至 0.5 g。所有各筛的分计筛余量与底盘中剩余量的总质量和筛分前试样总质量的差值不得超过后者的 1%。

五、计算

（1）计算分计筛余百分率。各号筛的分计筛余百分率为各号筛上的筛余量除以试样总量（m_1）的百分率，精确至 0.1%。对沥青路面细集料而言，0.15 mm 筛下部分即 0.075 mm 的分计筛余，测得的 m_1 与 m_2 之差即小于 0.075 mm 的筛底部分。

（2）计算累计筛余百分率。各号筛的累计筛余百分率为该号筛及大于该号筛的各号筛的分计筛余百分率之和，精确至 0.1%。

（3）计算质量通过百分率。各号筛的质量通过百分率等于 100 减去该号筛的累计筛余百分率，精确至 0.1%。

（4）根据各筛的累计筛余百分率或通过百分率，绘制级配曲线。

（5）天然砂的细度模数计算公式，精确至 0.01。

$$M_X = \frac{(A_{0.15} + A_{0.3} + A_{0.6} + A_{1.18} + A_{2.36}) - 5A_{4.75}}{100 - A_{4.75}} \tag{2-4}$$

式中：　　　　　M_X——砂的细度模数；

$A_{0.15}$，$A_{0.03}$，$\cdots$，$A_{4.75}$——分别为 0.15 mm，0.3 mm，$\cdots$，4.75 mm 各筛上的累计筛余百分率（%）。

小锦囊

进行两次平行试验，以试验结果的算术平均值作为测定值。如两次试验所得的细度模数之差大于 0.2，则应重新进行试验。

> **知识点**
>
> 细集料的颗粒级配是指细集料中大小颗粒相互搭配的情况，可通过细集料的筛分试验确定。粗度是指不同粒径的砂搭配后总体的粗细程度，它是评价砂粗细程度的一种指标，通常用细度模数指标来表示。

任务四　针片状颗粒含量测定（规准仪法）

一、试验目的

测定水泥混凝土使用 4.75 mm 以上粗集料的针状及片状颗粒含量，以百分率计。可用于评价集料的形状及其在工程中的适用性。

二、仪具

针状规准仪和片状规准仪（图 2-6）、天平或台秤、标准筛等。

(a)　　　　　　　　　　　　　　　　(b)

图 2-6　针状规准仪和片状规准仪

（a）针状规准仪；（b）片状规准仪

三、试验准备

将试样在室内风干至表面干燥，并用四分法或分料器法缩分至满足表 2-2 规定的质量，称量（m），然后筛分成表 2-2 所规定的粒级备用。

表 2-2　针片状颗粒试验所需的试样最小质量

公称最大粒径/mm	9.5	16	19	26.5	31.5	37.5	37.5	37.5
试样的最小质量/kg	0.3	1	2	3	5	10	10	10

四、试验步骤

（1）目测挑出接近立方体形状的规则颗粒，将目测有可能属于针、片状颗粒的集料按表2-2所规定的粒级用规准仪逐粒对试样进行针状颗粒鉴定，颗粒长度大于针状规准仪上相应间距而不能通过的，即针状颗粒。

（2）将通过针状规准仪上相应间距的非针状颗粒逐粒对试样进行片状颗粒鉴定，厚度小于片状规准仪上相应孔宽能通过的颗粒，即片状颗粒。

（3）称量由各粒级挑出的针状颗粒和片状颗粒的质量，其总质量为 m_1。

五、计算

碎石或砾石中针片状颗粒含量按式（2-5）计算，精确至 0.1%。

$$Q_e = \frac{m_1}{m_0} \times 100\% \tag{2-5}$$

式中：Q_e——试样的针片状颗粒含量，%；

m_1——试样中所含针状颗粒与片状颗粒的总质量，g；

m_0——试样总质量，g。

注：如果需要，则可以分别计算针状颗粒和片状颗粒的含量百分数。

小锦囊

（1）试验要平行测定两次，计算两次结果的平均值，如两次结果之差小于平均值的 20%，则取平均值为试验值；如大于或等于 20%，则应追加测定一次，取三次结果的平均值为测定值。

（2）试验报告应包括集料的种类、产地、岩石名称和用途。

知识点

卵石和碎石颗粒的长度大于该颗粒所属相应粒级的平均粒径 2.4 倍者为针状颗粒；厚度小于平均粒径 0.4 倍者为片状颗粒（平均粒径指该粒级上、下限粒径的平均值）。

测定的粗集料中针、片状颗粒的含量可用于评价集料的形状和抗压碎能力，以评定石料生产厂的生产水平及该材料在工程中的适用性。

任务五　粗集料压碎值测定

一、试验目的

集料压碎值用于衡量石料在逐渐增加的荷载下抵抗压碎的能力，是衡量石料力学性质的指标，以评定其在公路工程中的适用性。

二、仪具

石料压碎值试验仪（图 2-7）、金属棒、天平、标准筛、金属筒、压力机（图 2-8）。

图 2-7　石料压碎值试验仪　　　　　　图 2-8　压力机

三、试验准备

（1）采用风干石料，过 13.2 mm 和 9.5 mm 标准筛，取 9.5～13.2 mm 的试样 3 组各 3 000 g，供试验用。如过于潮湿需加热烘干，则烘箱温度不得超过 100 ℃，烘干时间不超过 4 h。试验前，石料应冷却至室温。

（2）每次试验的石料数量应满足下述方法夯击，石料在试筒内的深度为 100 mm。

在金属筒中确定石料数量的方法如下：将试样分 3 次（每次数量大体相同）均匀装入试模中，每次均将试样表面整平，用金属棒的半球面端从石料表面上均匀捣实 25 次。最后用金属棒作为直刮刀将表面仔细整平，称取量筒中试样质量（m_0），以相同质量的试样进行压碎值的平行试验。

四、试验步骤

（1）将试筒安放在底板上。

（2）将要求质量的试样分 3 次（每次数量大体相同）均匀装入试模中，每次均将试样表面整平，用金属棒的半球面端从石料表面上均匀捣实 25 次。最后用金属棒作为直刮刀将表面仔细整平。

（3）将装有试样的试模放到压力机上，同时加压头放入试筒内石料面上，注意使压头摆平，勿楔挤试模侧壁。

（4）开动压力机，均匀地施加荷载，在 10 min 左右的时间内达到总荷载 400 kN，稳压 5 s，然后卸荷。

（5）将试模从压力机上取下，取出试样。

（6）用 2.36 mm 标准筛筛分经压碎的全部试样，可分几次筛分，均需筛到在 1 min 内无明显的筛出物为止。

（7）称取通过 2.36 mm 筛孔的全部细料质量（m_1），准确至 1 g。

五、计算

石料压碎值按式（2-6）计算，精确至 0.1%。

$$Q'_a = \frac{m_1}{m_0} \times 100\%$$ （2-6）

式中：Q'_a——石料压碎值，%；

m_1——试验前试样质量，g；

m_0——试验后通过 2.36 mm 筛孔的细料质量，g。

以 3 个试样平行试验结果的算术平均值作为压碎值的测定值。

知识点

粗集料压碎值是指粗集料在连续增加的荷载下抵抗压碎的能力。它作为相对衡量石料强度的一个指标，用以评价水泥混凝土、路面基层、底基层及沥青面层的粗集料品质。

知识链接

集料是指在混合料中起骨架和填充作用的粒料，包括天然风化而成的漂石、砾石（卵石）、细集料等，以及由人工轧制的不同尺寸的碎石、石屑。

工程上一般将集料分为细集料和粗集料两类。下面分别介绍这两类集料的技术性质。

一、细集料的技术性质

在水泥混凝土中，细集料是指粒径小于 4.75 mm 的天然砂、人工砂；在沥青混合料中，细集料是指粒径小于 2.36 mm 的天然砂、人工砂（图 2-9）及石屑。细集料的技术性质主要包括物理性质及砂的颗粒级配与粗度。

图 2-9　砂

（一）细集料的物理性质

集料的物理性质是集料结构状态的反映，它与集料的技术性质有着密切的关系，集料的内部结构主要是由矿质实体、闭口孔隙（不与外界相通的）、开口孔隙（与外界相通的）和空隙（颗粒之间的）四部分组成的，如图 2-10 所示。细集料在公路工程中的主要物理性质有：表观密度、堆积密度和紧装密度、空隙率、含水率、细集料中有害杂质含量等。

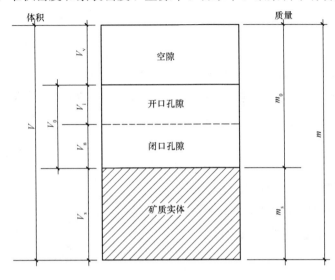

图 2-10　集料的内部结构

1. 表观密度

表观密度是指单位体积（含材料的实体矿物成分和闭口孔隙体积）物质颗粒的干质量。由图 2-10 可知：

$$\rho_a = \frac{m_s}{V_s + V_n} \tag{2-7}$$

式中：ρ_a——细集料表观密度，g/cm^3；

　　　V_s——细集料实体体积，cm^3；

　　　V_n——细集料闭口孔隙体积，cm^3；

　　　m——干燥细集料的质量，g。

表观密度是衡量细集料品质的主要技术指标之一，其测定方法有容量瓶法和李氏比重瓶法。细集料的表观密度一般为 $2.6 \sim 2.7\ g/cm^3$。

2. 堆积密度和紧装密度

堆积密度是指单位体积（含材料的实体矿物成分及其闭口孔隙、开口孔隙体积和颗粒间空隙体积）物质颗粒的质量，有干堆积密度及湿堆积密度之分。由图 2-10 可知：

$$\rho = \frac{m}{V} \tag{2-8}$$

式中：ρ——细集料的堆积密度，g/cm³；

　　　m——细集料的质量，g；

　　　V——细集料的堆积体积，cm³。

　　细集料的堆积密度一般为 1 350～1 650 kg/m³。堆积密度大小与细集料颗粒组成及含水量有关。紧装密度与堆积密度是同一类物理概念，只是试验方法不同。细集料的紧装密度一般为 1 600～1 700 kg/m³。

　　3. 空隙率

　　空隙率是指集料颗粒之间的空隙体积占集料总体积的百分率。细集料的空隙率与其级配和颗粒形状有关。细集料的空隙率一般为 35%～45%，特细集料可达 50% 左右。细集料的空隙率按式（2-9）计算：

$$n=\left(1-\frac{\rho}{\rho_{\mathrm{a}}}\right)\times100\% \tag{2-9}$$

式中：n——细集料的空隙率，%；

　　　ρ——细集料的堆积密度或紧装密度，g/cm³；

　　　ρ_{a}——细集料的表观密度，g/cm³。

　　4. 含水率

　　含水率是指细集料中所含水的质量占干细集料质量的百分率。在施工现场，细集料是露天堆放的，含水量随天气情况变化而变化，其体积也发生变化。当采用体积计量时，由于体积是随含水量变化而变化的，故计算细集料的用量必须了解其含水率与体积的关系（图 2-11），主要包括：完全干燥状态（烘干状态）、气干状态（风干状态）、饱和面干状态（表干状态）、湿润状态（潮湿状态），如图 2-11 所示。

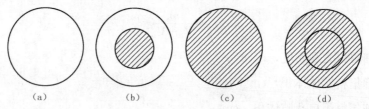

图 2-11　含水率与体积的关系

(a) 干燥状态；(b) 气干状态；(c) 饱和面干状态；(d) 湿润状态

　　由于细集料的含水量大小对细集料的外观体积影响较大，因此，在施工现场按体积计算细集料的用量时，应了解细集料的含水率。细集料的含水率测定方法有烘干法、碳化钙气压法和酒精燃烧法，其中以烘干法为准。

　　5. 集料有害杂质的含量

　　(1) 含泥量和泥块含量。

含泥量是指细集料中粒径小于 0.075 mm 的尘屑、淤泥和黏土的含量。泥块含量是指原粒径大于 1.18 mm，经水浸洗、手捏后小于 0.6 mm 的颗粒含量。其会影响混凝土的强度和耐久性。

（2）云母含量。

某些细集料中含有云母，云母呈薄片状，表面光滑且极易沿节理裂开，因此，它与水泥的黏附性较差。

（二）细集料的颗粒级配及粗度

1. 细集料的颗粒级配

细集料的颗粒级配是指细集料中大小颗粒的相互搭配情况，如图 2-12 所示，图 2-12（a）所示为采用相同粒径的细集料，其空隙最大；图 2-12（b）所示为采用两种不同粒径的细集料相互搭配，中粒径填充大粒径空隙，其细集料的空隙减小；图 2-12（c）所示为采用两种以上粒径的细集料相互搭配，小粒径填充中粒径空隙，中粒径填充大粒径空隙，细集料的空隙就会更小。如果细集料的大小颗粒搭配得恰当，则会使细集料的空隙不断地被填充，空隙率达到最小，可得到密实的混凝土骨架，同时节省水泥浆。

细集料的颗粒级配可通过细集料的筛分试验确定。筛分试验是将预先通过 9.50 mm 筛的干细集料，称取 500 g 置于一套标准筛上，分别求出试样存留在各筛上的质量，然后按下述方法计算其级配有关参数，即分计筛余百分率（a_i）、累计筛余百分率（A_i）和通过百分率（P_i）（表 2-3）。

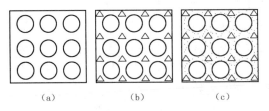

图 2-12　细集料颗粒级配

（a）单粒径砂；（b）两种粒径砂；（c）多种粒径砂

（1）分计筛余百分率：各号筛上的筛余量除以试样总量的百分率，按式（2-10）计算。

$$a_i = \frac{筛上存留量}{总量} \times 100\% = \frac{m_i}{M} \times 100\% \tag{2-10}$$

式中：a_i——某号筛的分计筛余百分率，%；

　　　m_i——存留在某号筛上的质量，g；

　　　M——试样的总质量，g。

（2）累计筛余百分率：该号筛上的分计筛余百分率与大于该号筛的各号筛上的分计筛余百分率总和，按式（2-11）计算：

$$A_i = a_1 + a_2 + \cdots + a_i \tag{2-11}$$

式中：A_i——累计筛余百分率，%；

a_i——某号筛的分计筛余百分率，%。

表 2-3 分计筛余百分率、累计筛余百分率、通过百分率三者关系

筛孔尺寸/mm	分计筛余/%	累计筛余/%	通过率/%
4.75	a_1	$A_1 = a_1$	$P_1 = 100\% - A_1$
2.36	a_2	$A_2 = a_1 + a_2$	$P_2 = 100\% - A_2$
1.18	a_3	$A_3 = a_1 + a_2 + a_3$	$P_3 = 100\% - A_3$
0.6	a_4	$A_4 = a_1 + a_2 + a_3 + a_4$	$P_4 = 100\% - A_4$
0.3	a_5	$A_5 = a_1 + a_2 + a_3 + a_4 + a_5$	$P_5 = 100\% - A_5$
0.15	a_6	$A_6 = a_1 + a_2 + a_3 + a_4 + a_5 + a_6$	$P_6 = 100\% - A_6$

（3）通过百分率：通过某筛的质量占试样总质量的百分率，即 100％与累计筛余百分率之差，按式（2-12）计算：

$$P_i = 100\% - A_i \tag{2-12}$$

式中：P_i——通过百分率，%；

A_i——累计筛余百分率，%。

2. 粗度

粗度是指不同粒径的砂搭配后总体的粗细程度，它是评价砂粗细程度的一种指标，通常用细度模数指标来表示。公式如下：

$$M_x = \frac{(A_{0.15} + A_{0.3} + A_{0.6} + A_{1.18} + A_{2.36}) - 5A_{4.75}}{100 - A_{4.75}} \tag{2-13}$$

式中：M_x——细度模数；

$A_{0.15}$，$A_{0.3}$，$\cdots$，$A_{4.75}$——0.15 mm，0.3 mm，$\cdots$，4.75 mm 累计筛余百分率，%。

根据《公路桥涵施工技术规范》规定，砂按其细度模数分为三大类，如表 2-4 所示。

表 2-4 砂分类

分 类	粗 砂	中 砂	细 砂
细度模数 M_x	3.7～3.1	3.0～2.3	2.2～1.6

细度模数越大，表示砂越粗。细度模数虽能表示细集料的粗细程度，但不能完全反映出细集料的颗粒级配情况，因为相同细度模数的细集料可有不同的颗粒级配。因此，要全面表征细集料的颗粒性质，必须同时使用细度模数和级配两个指标。

现有某砂样经筛分实验，结果列于表 2-5 中，求砂样的级配参数。

表 2-5　某砂样筛分试验结果

筛孔尺寸/mm	9.5	4.75	2.36	1.18	0.6	0.3	0.15	<0.15
各筛筛余质量/g	0	30	50	80	130	110	80	20

解：（1）砂样级配参数列表计算如表 2-6 所示。

表 2-6　级配参数计算结果

筛孔尺寸/mm	9.5	4.75	2.36	1.18	0.6	0.3	0.15	<0.15
分计筛余 a_i/%	0	6	10	16	26	22	16	4
累计筛余 A_i/%	0	6	16	32	58	80	96	—
通过率 P_i/%	100	94	84	68	42	20	4	—

（2）砂样细度模数计算如下：

$$M_x = \frac{(16+32+58+80+96)-5\times6}{100-6} = 1.82 \quad （细砂）$$

二、粗集料技术性质

粗集料包括人工轧制的碎石和天然风化而成的砾石（图 2-13）。在道路、桥梁工程中，粗集料主要是水泥混凝土和沥青混合料中的骨架材料；在沥青混合料中，粗集料是指粒径大于 2.36 mm 的碎石、破碎砾石、筛选砾石和矿渣等；在水泥混凝土中，粗集料是指粒径大于 4.75 mm 的碎石、砾石和破碎砾石。粗集料的技术性质主要包括物理性质和力学性质。

图 2-13　卵石和碎石

（一）粗集料的物理性质

1. 密度

由于材料状态及测定条件的不同，粗集料的密度衍生出以下几种：

（1）表观密度：在规定条件（105 ℃±5 ℃烘干至恒重）下，单位表观体积（包括集料矿质实体和闭口孔隙的体积）物质颗粒的干质量，用 ρ_a 表示：

$$\rho_a = \frac{m_s}{V_s + V_n} \quad\quad (2\text{-}14)$$

式中：ρ_a——粗集料的表观密度，g/cm^3；

  V_s——粗集料实体体积，cm^3；

  V_n——粗集料闭口孔隙体积，cm^3；

  m_s——干燥粗集料的质量，g。

（2）毛体积密度：在规定条件（105 ℃±5 ℃烘干至恒重）下，单位体积（含材料的实体矿物成分及闭口孔隙、开口孔隙等颗粒表面轮廓线所包围的毛体积）物质颗粒的干质量，用 ρ_h 表示：

$$\rho_h = \frac{m_s}{V_s + V_n + V_i} \quad\quad (2\text{-}15)$$

式中：ρ_h——粗集料的毛体积密度，g/cm^3；

  V_s——粗集料实体体积，cm^3；

  V_n——粗集料闭口孔隙体积，cm^3；

  V_i——粗集料开口孔隙体积，cm^3；

  m_s——干燥粗集料的质量，g。

（3）毛体积相对密度：毛体积密度与同温度水的密度之比。

（4）表观相对密度：表观密度与同温度水的密度之比。

（5）表干密度：单位体积（含材料的实体矿物成分及其闭口孔隙、开口孔隙等颗粒表面轮廓线所包围的全部毛体积）物质颗粒的饱和面干质量。

（6）表干相对密度：表干密度与同温度水的密度之比。

测量粗集料密度的方法有网篮法和容量瓶法。

2. 堆积密度

粗集料的松方密度包括堆积状态下的松方密度、振动状态下的松方密度和捣实状态下的松方密度。

（1）堆积密度：单位体积（含材料的实体矿物成分及闭口、开口孔隙体积及颗粒间空隙体积）物质颗粒的质量。

（2）振实密度、捣实密度：指在规定条件（两者试验条件不同）下，粗集料以紧密装填状态装入容器中，包括空隙、孔隙在内的单位体积的质量。

3. 空隙率

空隙率是指集料颗粒之间的空隙体积占集料总体积的百分率。

粗集料的空隙率与其级配和颗粒形状有关。粗集料的空隙率一般为 35%～45%。

粗集料的空隙率按式（2-16）计算：

$$n=\left(1-\frac{\rho}{\rho_a}\right)\times100\%\tag{2-16}$$

式中：n——粗集料的空隙率，%；

   ρ——粗集料的堆积密度或紧装密度，g/cm³；

   ρ_a——粗集料的表观密度，g/cm³。

4. 含水率

含水率是指粗集料中所含水分的质量占干燥质量的百分率。在水泥混凝土配合比设计时，试验室配合比是以干燥材料为基准的，而实际施工现场堆放的材料都有一定的含水量，且经常变化，因此应用时需测定其含水量，其测定方法有烘干法和酒精燃烧法，其中以烘干法为准。

5. 级配

粗集料中各组成颗粒的分级和搭配称为级配。各种不同粒径的集料，按照一定的比例搭配起来，以达到较高的密实度和较大摩擦力，可以采用下列两种级配组成。

（1）连续级配。采用标准套筛对某一混合料进行筛析试验，所得级配曲线平顺圆滑，具有连续性。这种由大到小、逐级粒径均匀、按比例互相搭配组成的矿质混合料，称为连续级配混合料。

（2）间断级配。在矿质混合料中剔除其一个分级或几个分级而形成一种不连续的混合料，这种混合料称为间断级配混合料。

连续级配曲线和间断级配曲线如图2-14所示。

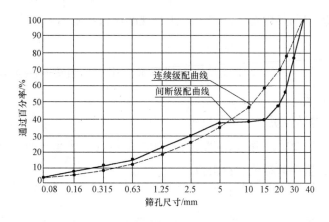

图 2-14　连续级配和间断级配曲线比较

一个良好的级配，要求空隙最小且表面积也不大。前者的目的是使集料本身最为紧密；后者的目的是使水泥用量最为节约。只有正确选用各级尺寸粗集料含量，才能达到上述两个目的。

6. 含泥量和泥块含量

粗集料的含泥量指卵石、碎石中粒径小于 0.075 mm 的颗粒含量，泥块是指粗集料原尺寸大于 4.75 mm（或细集料大于 1.18 mm），但经水浸洗、手捏后小于 2.36 mm（细集料小于 0.6 mm）的颗粒含量。

粗集料的含泥量试验方法同细集料，只是在取样数量上有所区别，即将来样用四分法缩分至表所规定的量（注意防止细粉丢失并防止所含黏土块被压碎），置于温度为 105 ℃±5 ℃的烘箱内烘干至恒重，冷却至室温后分成两份备用（表 2-7）。

表 2-7　混凝土工程用卵石、碎石的含泥量和泥块含量　　　　　　　　%

项目	Ⅰ类	Ⅱ类	Ⅲ类
含泥量（按质量计）	<0.5	<1.0	<1.5
泥块含量（按质量计）	0	<0.5	<0.7

7. 针、片状颗粒含量

在水泥混凝土中，颗粒的长度大于该颗粒所属相应粒级的平均粒径 2.4 倍者为针状颗粒；厚度小于平均粒径 0.4 倍者为片状颗粒。（平均粒径指该粒级上、下限粒径的平均值。）

在沥青混凝土中，针、片状颗粒是指用游标卡尺测定的粗集料颗粒的最大长度（或宽度）方向与最小厚度（或直径）方向的尺寸之比大于 3 倍的颗粒。

针、片状颗粒的存在会增加粗集料的空隙率，降低密实性，影响新拌混凝土的工作性，降低硬化后的水泥混凝土强度和耐久性，同时针、片状颗粒的存在会影响沥青路面的质量。因此，在粗集料中应限制其含量。其测定方法有规准仪法和游标卡尺法。

8. 坚固性

坚固性是指在气候、环境变化或其他物理因素作用下，粗集料抵抗碎裂的能力。其测定方法为硫酸钠溶液法。

（二）粗集料的力学性质

粗集料力学性质主要是压碎值和磨耗度；其次是新近发展起来的抗滑表层用集料的三项试验，即磨光值、道瑞磨耗值和冲击值。

1. 压碎值

粗集料压碎值是指粗集料在连续增加的荷载下抵抗压碎的能力。它作为相对衡量石料强度的一个指标，用以评价水泥混凝土、路面基层、底基层及沥青面层的粗集料品质。

2. 磨耗性

磨耗损失是指石料抵抗摩擦、撞击剪切等综合作用的性能。其测定方法有洛杉矶法（又称搁板式）和狄法尔法（又称双筒式）两种方法。

石料的磨耗性是石料力学性质的另一个重要指标，也是评定石料等级的依据之一。我国现行试验规程规定，石料磨耗试验以洛杉矶式（搁板式）磨耗试验法为标准方法，只有在不具备该磨耗试验条件时，才允许采用狄法尔式（双筒式）磨耗试验法代替。

3. 磨光值

现代高速交通的行车条件对路面的抗滑性提出了更高的要求，在车辆轮胎作用下，不仅要求具有较高的抗磨耗性，而且要求具有高的抗磨光性（集料的抗磨光性，采用石料磨光值）。集料磨光值越高，表示抗滑性越好。抗滑面层应选用磨光值高的集料，如玄武岩、安山岩、砂岩、花岗岩等。

4. 集料冲击值（LSV）

集料抵抗多次连续重复冲击荷载作用的性能，可用集料冲击值表示。

5. 集料磨耗值

集料磨耗值用于评定抗滑表层的集料抵抗车轮磨耗的能力。按我国现行试验规程，通常采用道瑞磨耗试验机来测定集料磨耗值。

知识扩展

一、岩石的技术性质

岩石的技术性质，主要从物理性质、力学性质和化学性质三方面进行评价。

1. 物理性质

岩石的物理性质包括物理常数（如真实密度、毛体积密度和孔隙率等）、吸水性（如吸水率、饱水率）和耐候性（耐冻性、坚固性等）。

（1）物理常数。

石料的物理常数是岩石矿物组成结构状态的反映，它与岩石的技术性质有着密切的关系。岩石的内部组成结构主要是矿物实体和孔隙（包括与外界连通的开口孔隙和不与外界连通的闭口孔隙）。为了反映石料的组成结构以及它与物理—力学性质间的关系，通常采用物理常数来表征。在路桥工程用块状石料中，常用的物理常数主要是真实密度、毛体积密度和孔隙率，通过这些指标可以间接预测与岩石有关的物理性质和力学性质。

（2）吸水性。

岩石的吸水性是岩石在规定条件下吸水的能力。岩石与水作用后，水很快润湿石料的表层并填充石料的孔隙，因此水对岩石破坏作用的大小主要取决岩石造岩矿物性质及其组成结构状态（即孔隙分布情况和孔隙率大小）。为此，我国规定，采用吸水率和饱和吸水率两项指标来表征岩石的吸水性。

（3）耐候性。

道路与桥梁都是暴露于大自然中无遮盖的建筑物，经常受到各种自然因素的影响，用于道路与桥梁建筑的岩石抵抗大气自然因素作用的性能称为耐候性。目前对道路与桥梁用岩石，在某些气候条件下，必须考虑其抗冻融耐久性（简称抗冻性）。

岩石抗冻性是指岩石在吸水饱和状态下，抵抗多次冻结和融化作用而不发生显著破坏，同时也不严重降低强度的性质。

2. 力学性质

公路与桥梁工程结构物中用岩石，除受上述物理性质影响外，还受到外力的作用，所以岩石应具备一定的力学性质。除了一般材料力学所述及的抗压、抗拉、抗剪、抗弯、弹性模量等纯粹力学性质外，还有一些为路用性能特殊要求的一些力学指标，如抗磨光、抗冲击的抗磨耗等。在岩石力学性质中，主要讨论确定石料的抗压强度和磨耗两项性质。

将岩石制备成 50 mm±2.5 mm 的正立方体（或直径与高均为 50 mm±2.5 mm 的圆柱体）试件，经吸水饱和后，在单轴受压及规定的加载条件下达到极限破坏时，单位承压面积的强度称为单轴抗压强度。

岩石抗压强度是岩石力学性质中最重要的一项指标，它是划分岩石等级的主要依据。岩石抗压强度值取决于岩石的组成结构（如矿物组成、岩石的结构和构造、裂隙的分布等），同时也取决于试验条件（如试件尺寸和形状、加载速度、试验状态等）。

3. 化学性质

在道路与桥梁的建筑中，各种矿质集料是与结合料（水泥或沥青）组成混合料而用于结构物中的。早年的研究认为矿质集料是一种惰性材料，它在混合料（各种矿质集料与水泥和沥青组成）中起着物理作用，随着科学发展，科学家根据理化—力学的研究，认为矿质集料在混合料中与结合料起着物理—化学作用。岩石的化学性质影响着混合料的物理—化学性质。

根据试验研究的结果，按 SiO_2 含量的多少将岩石划分为酸性、碱性及中性。化学组成中 SiO_2 的含量大于 65% 的岩石称为酸性材料；SiO_2 的含量在 52%～65% 的岩石称为中性岩石；SiO_2 的含量小于 52% 的岩石称为碱性岩石。在选择与沥青结合的岩石时，应考虑岩石的酸碱性对沥青与岩石黏结的影响。

二、路用岩石的技术分级

道路建筑用天然岩石，按其技术性质分为 4 个等级，对不同矿物组成的岩石技术性质的要求是不同的。因此，在分级之前首先应按其造岩矿物的成分、含量以及组织结构来确定岩石名称，然后划分其所属的岩石类型。按路用岩石技术要求的不同，分为 3 种岩类。现将各岩类划分及其主要代表性岩石分列如下：

Ⅰ 岩浆岩类：如花岗岩、正长岩、辉绿岩、闪长岩、橄榄岩、玄武岩、安山岩、流纹岩等。

Ⅱ 石灰岩类：石灰岩、白云岩、泥灰岩、凝灰岩等。

Ⅲ砂岩与片岩类：石英岩、砂岩、片麻岩、石英片麻岩等。

以上各岩按其物理—化学性质（主要为饱水状态的抗压强度和磨耗率）各分为下列 4 个等级：

1 级——最坚强的岩石；

2 级——坚强的岩石；

3 级——中等坚强的岩石；

4 级——较软的岩石。

三、路用岩石的产地用途

不同试验方法压碎值的对比如表 2-8 所示。

表 2-8　不同试验方法压碎值的对比

试样号	品种及产地	水泥混凝土压碎值		沥青路面及基层压碎值	
		测定值	平均值	测定值	平均值
1	石灰岩，北京昌平	6.5，6.5	6.6	14.6，13.5	14.1
2	玄武岩，北京密云	7.4，7.6	7.5	9.0，8.6	8.8
3	玄武岩，河北兴隆	3.2，2.8	3.0	9.5，9.2	9.3
4	石灰岩，内蒙古赤峰	9.7，10.0	9.8	19.0，18.0	18.5
5	凝灰岩，内蒙古赤峰	7.3，7.2	7.2	15.0，15.7	15.4
6	细晶白云岩，广西	9.1，9.7	9.4	17.1，19.3	18.2
7	辉绿岩，北京怀柔	6.7，7.1	6.9	15.6，14.7	15.2
8	花岗岩，内蒙古乌海	8.1，8.4	8.3	16.3，16.6	16.5
9	玄武岩，河北承德	4.6，4.5	4.6	9.7，10.1	9.9
10	砂砾岩，陕西	17.1	17.1	27.2	27.2
11	花岗岩，新疆	23.0	23.0	32.8	32.8
12	闪长岩，新疆	11.3	11.3	20.8	20.8
13	砂岩，新疆	14.0	14.0	22.7	22.7
14	闪长岩，青海	11.9	11.9	22.0	22.0
15	片麻岩，青海	5.2	5.2	12.6	12.6

项目二　无机结合料稳定材料技术指标试验

××公路进行路面基层工程施工，选用无机结合料稳定材料作为主材。在施工过程中，工地试验室进行了如下工作，验证无机结合料质量能否符合设计要求。

任务一　石灰有效氧化钙含量的测定

一、适用范围

测定各种石灰的有效氧化钙含量。

二、仪器设备

方孔筛、烘箱、称量瓶、瓷研钵、分析天平（图 2-15）、酸滴定管（图 2-16）、烧杯（图 2-17）电炉、石棉网、玻璃珠、漏斗（短颈）、塑料洗瓶、塑料桶、下口蒸馏水瓶、三角瓶、容量瓶、量筒（图 2-18）、试剂瓶、塑料试剂瓶、棕色广口瓶、滴瓶、具塞三角瓶、干燥器。

图 2-15　分析天平

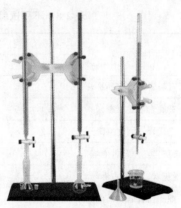

图 2-16　酸滴定管

图 2-17　烧杯

图 2-18　量筒

三、试剂

（1）蔗糖（分析纯）。

（2）酚酞指示剂：称取 0.5 g 酚酞溶于 50 mL 95％乙醇中。

（3）0.1%甲基橙水溶液：称取 0.05 g 甲基橙溶于 50 mL 蒸馏水（40 ℃～50 ℃）中。

（4）盐酸标准溶液（相当于 0.5 mol/L）：将 42 mL 浓盐酸（相对密度 1.19）稀释至 1 L，标定其摩尔浓度后备用。

（5）1 mol/L 盐酸标准溶液：取 83 mL（相对密度 1.19）浓盐酸以蒸馏水稀释至 1 000 mL，标定其摩尔浓度后备用。

称取已在 180 ℃ 烘箱内烘干 2 h 的碳酸钠（优级纯或基准级纯）1.5～2.0 g（精确至 0.000 1 g），记录为 m_0，置于 250 mL 三角瓶中，加 100 mL 水使其完全溶解；然后加入 2～3 滴 0.1% 甲基橙指示剂，记录滴定管中待标定的盐酸标准溶液初始体积，用待标定的盐酸标准溶液滴定，至碳酸钠溶液由黄色变为橙红色；将溶液加热至沸，并保持微沸 3 min，然后放在冷水中冷却至室温，如此时橙红色变为黄色，则再用盐酸标准溶液滴定，至溶液出现稳定橙红色时为止，记录盐酸标准溶液的消耗量 V。

盐酸标准溶液的摩尔浓度计算公式：

$$M = \frac{m}{V \times 0.053} \tag{2-17}$$

式中：M——盐酸标准溶液摩尔浓度，mol/L；

$\quad\quad m$——称取碳酸钠的质量，g；

$\quad\quad V$——滴定时消耗盐酸标准溶液的体积，mL；

0.053——与 1.00 mL 盐酸标准溶液 [$c(HCl) = 1.000$ mol/L] 相当的以克表示的无水碳酸钠的质量。

注：该处盐酸标准溶液的浓度相当于 1 mol/L 标准溶液浓度的一半左右。

四、准备试样

（1）生石灰试样：将生石灰样品打碎，使颗粒不大于 1.18 mm，拌和均匀后用四分法缩减至 200 g 左右，放入瓷研钵中研细，再经四分法缩减至 20 g 左右，研磨所得石灰样品通过 0.15 mm（方孔筛）的筛，从此细样中均匀挑取 10 g，置于称量瓶中在 105 ℃ 烘箱内烘至恒重，储于干燥器中，供试验用。

（2）消石灰试样：将消石灰样品用四分法缩减至 10 g。如有大颗粒存在，则须在瓷研钵中磨细至无不均匀颗粒存在为止。置于称量瓶中在 105 ℃ 烘箱内烘至恒重，储于干燥器中，供试验用。

五、试验步骤

（1）称取约 0.5 g（用减量法称量，精确至 0.000 1 g）试样，记录为 m_1，放入干燥的 250 mL 具塞三角瓶中，取 5 g 蔗糖覆盖在试样表面，投入干玻璃珠 15 粒，迅速加入新煮沸并已冷却的蒸馏水 50 mL，立即加塞振荡 15 min（如有试样结块或粘于瓶壁现象，则应重新取样）。

（2）打开瓶塞，用水冲洗瓶塞及瓶壁，加入 2～3 滴酚酞指示剂，记录滴定管中盐酸标准溶液体积 V_3，用已标定的约 0.5 mol/L 盐酸标准溶液滴定（滴定速度以 2～3 滴/s 为宜），至溶液的粉红色显著消失并在 30 s 内不再复现为终点，记录滴定管中盐酸标准溶液的体积 V_4，V_3、V_4 的差值即盐酸标准溶液的消耗量 V_5。

六、计算

有效氧化钙的含量计算公式：

$$X = \frac{V \times M \times 0.028}{m_1} \times 100\% \tag{2-18}$$

式中：X——有效氧化钙的含量，%；

V——滴定时消耗盐酸标准溶液的体积，mL；

0.028——氧化钙毫克当量；

m_1——试样质量，g；

M——盐酸标准液的摩尔浓度，mol/L。

> **小锦囊**
>
> 对同一石灰样品至少应做两个试样及进行两次测定，并取两次结果的平均值代表最终结果。石灰中氧化钙和有效钙含量在 30% 以下的允许重复性误差为 0.40，30%～50% 的为 0.50，大于 50% 的为 0.60。

> **知识点**
>
> 石灰中产生黏结性的有效成分是活性氧化钙和氧化镁，其含量是指石灰中活性氧化钙和氧化镁的质量占石灰试样总质量的百分率，这是评价石灰质量的主要指标。石灰中活性成分（CaO＋MgO）含量越多，活性越高，质量也越好。

任务二　无机结合料稳定土标准击实试验

一、适用范围

（1）适用于在规定的试筒内，对水泥稳定材料（在水泥水化前）、石灰稳定材料及石灰（或水泥）粉煤灰稳定材料进行击实试验，以绘制稳定材料的含水量—干密度关系曲线，从而确定其最佳含水量和最大干密度。

（2）试验集料的最大公称粒径宜控制在 37.5 mm 以内（方孔筛）。

（3）试验方法类别。本实验方法分三类，各类击实方法的主要参数列于表 2-9。

表 2-9 试验方法类别

类别	锤的质量/kg	锤击面直径/cm	落高/cm	试筒尺寸			锤击层数	每层锤击次数	平均单位击实力/J	容许最大粒径/mm
				内径/cm	高/cm	容积/cm³				
甲	4.5	5.0	45	10	12.7	997	5	27	2.687	19.0
乙	4.5	5.0	45	15.2	12.0	2 177	5	59	2.687	19.0
丙	4.5	5.0	45	15.2	12.0	2 177	5	98	2.677	37.5

二、仪器设备

击实台（图 2-19）、击实筒（图 2-20）、电动击实仪（图 2-21）、电子天平、方孔筛、量筒、直刮刀、拌和工具、脱模器、游标卡尺、测定含水量用的铝盒、烘箱等其他用具。

图 2-19　击实台

图 2-20　击实筒

图 2-21　电动击实仪

三、试验准备

（1）将具有代表性的风干试料（必要时，也可以在 50 ℃烘箱内烘干）用木槌捣碎或用木碾碾碎，土团均应破碎到通过 4.75 mm 筛孔。但应注意，不使粒料的单个颗粒破碎或不使其破碎程度超过施工中拌和机械的破碎率（图 2-22）。

图 2-22　备土

（2）如试料是细粒土，则将已破碎的具有代表性的土过 4.75 mm 筛备用（用甲法或乙法做试验）。

（3）如试料中含有粒径大于 4.75 mm 的颗粒，则先将试料过 19 mm 筛；如存留在 19 mm 筛上颗粒的含量不超过 10%，则过 26.5 mm 筛，留作备用（用甲法或乙法做试验）。

（4）如试料中粒径大于 19 mm 的颗粒含量 10%，则将试料过 37.5 mm 筛；如果存留在 37.5 mm 筛上颗粒的含量不超过 10%，则过 53 mm 筛备用（用丙法试验）。

（5）每次筛分后，均应记录超尺寸颗粒的百分率 P。

（6）在做击实试验的前一天，取有代表性的试料测定其风干含水量。对于细料土，试样应不少于 100 g；对于中粒土，试样应不少于 1 000 g；对于粗粒土的各种集料，试样应不少于 2 000 g。

（7）在试验前用游标卡尺准确测量试模的内径、高和垫块的厚度，以计算试筒的容积。

四、试验步骤

1. 准备工作

在试验前应将试验所需要的各种仪器准备齐全，测量设备应满足精度要求；调试击实仪器，检查其运转是否正常。

2. 甲法

（1）将已筛分的试样用四分法逐次分小，至最后取出 10～15 kg 试料。再用四分法将已取出的试料分成 5～6 份，每份试料的干质量为 2.0 kg（对于细粒土）或 2.5 kg（对于各种中粒土）。

（2）预定 5～6 个不同含水量试样，依次相差 0.5%～1.5%，且其中至少有两个大于和两个小于最佳含水量。

注：对于中、粗粒土，在最佳含水量附近取 0.5%，其余取 1%；对于细粒土，取 1%。但对于黏土，特别是重黏土，要取 2%。

（3）按预定含水量制备试样。将 1 份试料平铺于金属盘内，将事先计算的该份试料中应加的水量均匀地喷洒在试料上，用小铲将试料充分拌和到均匀状态（如为石灰稳定材料、石灰粉煤灰综合稳定材料、水泥粉煤灰综合稳定材料和水泥、石灰综合稳定材料，可将石灰、粉煤灰和试料一起拌匀），然后装入密闭容器或塑料口袋内浸润备用。

浸润时间要求：黏质土 12～24 h；粉质土 6～8 h；砂类土、砂砾土、红土砂砾、级配砂砾等可以缩短到 4 h 左右；含土很少的筛分碎石、砂砾和砂可以缩短到 2 h。浸润时间一般不超过 24 h。

应加水量可按式（2-19）计算。

$$m_w = [m_n / (1+0.01\omega_n) + m_c / (1+0.01\omega_c)] \times 0.01\omega$$
$$- [m_n / (1+0.01\omega_n)] \times 0.01\omega_n - [m_c / (1+0.01\omega_c)] \times 0.01\omega_c \quad (2-19)$$

式中：m_w——混合料中应加的水量，g；

m_n——混合料中素土（或集料）的质量 g，其原始含水率为 ω_n，即风干含水率；

m_c——混合料中水泥或石灰的质量 g，其原始是含水率为 ω_c；

ω——要求达到的混合料的含水率，％。

（4）将所需要的稳定剂水泥加到浸润后的试样中，并用小铲、泥刀或其他工具充分拌和到均匀状态。水泥应在土样击实前逐个加入。加有水泥的试样拌和后，应在 1 h 内完成下述击实试验。拌和后超过 1 h 的试样，应予作废（石灰稳定材料和石灰粉煤灰稳定材料除外）。

（5）试筒套环与击实底板应紧密连接。将击实筒放在坚实地面上，用四分法取制备好的试样 400～500 g（其量应使击实后的试样等于或略高于筒高的 1/5）倒入筒内，整平其表面并稍加压紧，然后将其安装到多功能自控电动击实仪上，设定所需锤击次数，进行第 1 层试样的击实。第 1 层击实完后，检查该层高度是否合适，以便调整以后几层的试样用量。用刮土刀或螺丝刀将已击实层的表面"拉毛"，然后重复上述做法，进行其余 4 层试样的击实。最后一层试样击实后，试样超出筒顶的高度不得大于 6 mm，超出高度过大的试件应该作废。

（6）用刮土刀沿套环内壁削挖（使试样与套环脱离）后，扭动并取下套环。齐筒顶细心刮平试样，并拆除底板。如试样底面略突出筒外或有孔洞，则应细心刮平或修补。最后用"工"字形刮平尺齐筒顶和筒底将试样刮平。擦净试筒的外壁，称其质量 m_1（图 2-23）。

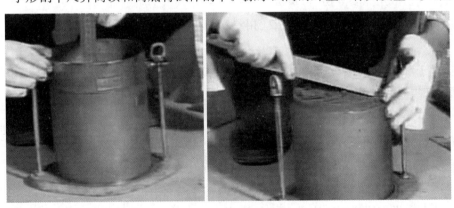

图 2-23　量测和刮平

（7）用脱模器推出筒内试样。从试样内部从上至下取两个有代表性的样品（可将脱出试件用锤打碎后，用四分法采取），测定其含水率，计算至 0.1％。两个试样含水率的差值不得大于 1％，所取样品的质量如表 2-10 所示（如只取一个样品测定含水率，则样品的质量应为表列数值的两倍）。擦净试筒，称其质量 m_2。烘箱的温度应事先调整到 110 ℃左右，以使放入的试样能立即在 105 ℃～110 ℃的温度下烘干。

表 2-10　测稳定材料含水率的样品质量

公称最大粒径/mm	样品质量/g
2.36	约 50
19	约 300
37.5	约 1 000

（8）按步骤（3）～（7）进行其余含水率下稳定材料的击实和测定工作。凡已用过的试样，一律不再重复使用。

3. 乙法

当缺乏内径为 10 cm 的试筒以及需要与承载比等试验结合起来进行时，采用乙法进行击实试验。本法更适宜用于公称最大粒径达 19 mm 的集料。

（1）将已过筛的试料用四分法逐次分小，至最后取出约 33 kg 试料。再用四分法将所取的试料分成 5～6 份，每份试料的干质量约为 4.4 kg（细粒土）或 5.5 kg（中粒土）。

（2）以下各步的做法与甲法的（2）～（8）相同，但应该先将垫块放入筒内底板上，然后加料并击实。所不同的是，每层需取制备好的试样约 900 g（对于水泥或石灰稳定细粒土）或 1 100 g（对于稳定中粒土），每层的锤击次数为 59 次。

4. 丙法

（1）将已过筛的试料用四分法逐次分小，至最后取约 33 kg 试料。再用四分法将所取的试料分成 6 份（至少要 5 份），每份质量约 5.5 kg（风干质量）。

（2）预定 5～6 个不同含水率，依次相差 0.5%～1.5%。在估计最佳含水率左右可只差 0.5%～1%。

注：对于水泥稳定类材料，在最佳含水率附近取 0.5%；对于石灰、二灰稳定类材料，根据具体情况在最佳含水率附近取 1%。

（3）同甲法的步骤（3）～（4）。

（4）将试筒、套环与夯击底板紧密地连接在一起，并将垫块放在筒内地板上。击实筒应放在坚实地面上，取制备好的试样 1.8 kg 左右［其量应使击实后的试样略高于（高出 1～2 mm）筒高的 1/3］倒入筒内，整平其表面，并稍加压紧。然后将其安装到多功能自控电动击实仪上，设定所需锤击次数，进行第一层试样的击实。第 1 层击实后检查该层的高度是否合适，以便调整以后两层的试样用量。用刮土刀或螺丝刀将已击实的表面"拉毛"，然后重复上述做法，进行其余两个试样的击实。最后一层试样击实后，试样超出试筒顶的高度不得大于 6 mm。超出高度过大的试件应作废。

（5）用刮土刀沿套环内壁削挖（使试样与套环脱离），扭动并取下套环。齐筒顶细心刮平试样，并拆除底板，取走垫块。擦净试筒的外壁，称其质量 m_1。

（6）用脱模器推出筒内试样。从试样内部由上至下取两个有代表性的样品（可将脱出试件用锤打碎后，用四分法采取），测定其含水率，计算至 0.1%。两个试样含水率的差值不得大于 1%。所取样品的数量应不少于 700 g，如只取一个样品测定含水率，则样品的数量应不少于 1 400 g，烘箱的温度应事先调整到 110 ℃ 左右，以使放入的试样能立即在 105 ℃～110 ℃ 的温度下烘干。擦净试筒，称其质量 m_2。

（7）按步骤（3）～（6）进行其余含水率下稳定材料的击实和测定。凡已用过的试料，一律不再重复使用。

五、计算

1. 稳定材料湿密度计算

按式（2-20）计算每次击实后稳定材料的湿密度：

$$\rho_w = \frac{m_1 - m_2}{V} \tag{2-20}$$

式中：ρ_w——稳定材料的湿密度，g/cm^3；

    m_1——试筒与湿试样的总质量，g；

    m_2——试筒的质量，g；

    V——试筒的容积，cm^3。

2. 稳定材料干密度计算

按式（2-21）计算每次击实后稳定材料的干密度：

$$\rho_d = \frac{\rho}{1 + 0.01\omega} \tag{2-21}$$

式中：ρ_d——试样的干密度，g/cm^3；

    ω——试样的含水率，%。

3. 制图

（1）以干密度为纵坐标、含水率为横坐标，绘制含水率—干密度曲线。曲线必须为凸形，如试验点不足以连成完整的凸形曲线，则应该进行补充试验。

（2）将试验各点采用二次曲线方法拟合曲线，曲线的峰值点对应的含水率及干密度即最佳含水率和最大干密度。

4. 超尺寸颗粒的校正

当试样中大于规定最大粒径的超尺寸颗粒的含量为 5%～30% 时，按下列各式对试验所得最大干密度和最佳含水率进行校正（超尺寸颗粒的含量小于 5% 时，可以不进行校正）。

（1）最大干密度按式（2-22）校正：

$$\rho'_{dm} = \rho_{dm} (1 - 0.01p) + 0.9 \times 0.01\rho_{Ga} \tag{2-22}$$

式中：ρ'_{dm}——校正后的最大干密度，g/cm^3；

    ρ_{dm}——试验所得的最大干密度，g/cm^3；

    p——试样中超尺寸颗粒的百分率，%；

    ρ_{Ga}——超尺寸颗粒的毛体积相对密度。

（2）最佳含水率按式（2-23）校正：

$$\omega_0' = \omega_0 (1-0.1p) + 0.01p\omega_a \qquad (2\text{-}23)$$

式中：ω_0'——校正后的最佳含水率，%；

$\quad\ \omega_0$——试验所得的最佳含水率，%；

$\quad\ \ p$——试样中超尺寸颗粒的百分率，%；

$\quad\ \omega_a$——超尺寸颗粒的吸水率，%。

注：超尺寸颗粒的含量少于 5% 时，对最大干密度的影响位于平行试验的误差范围内。

小锦囊

（1）应做两次平行试验，取两次试验的平均值作为最大干密度和最佳含水率。两次重复性试验最大干密度的差不应超过 0.05 g/cm³（稳定细粒土）和 0.08 g/cm³（稳定中粒土和粗粒土），最佳含水率的差不应超过 0.5%（最佳含水量小于 10%）和 1.0%（最佳含水率大于 10%）。当超过上述规定值时，应重做试验，直到满足精度要求为止。

（2）混合料密度计算应保留小数点后 3 位有效数字，含水率应保留小数点后 1 位有效数字。

（3）击实时，击锤应自由垂直落下，锤击必须均匀分布于材料上。

（4）最大干密度应为干密度与含水率关系曲线（顺滑）上峰值点的纵坐标，如曲线不能绘出明显的峰值点，则应进行补点或重做。

（5）最后击实后，试样高出筒顶面的高度应符合规定要求。

任务三　水泥或石灰稳定材料中水泥或石灰剂量测定方法（EDTA 滴定法）

一、适用范围

适用于在工地快速测定水泥及石灰稳定材料中水泥和石灰的剂量，并可用以检查现场拌和与摊铺的均匀性。

二、仪器设备

滴定管（酸式）、滴定台、滴定管夹、大肚移液管、锥形瓶（即三角瓶）、烧杯、容量瓶、搪瓷杯、不锈钢棒（或粗玻璃棒）、量筒、棕色广口瓶、表面皿、电子天平、研钵、洗耳球、精密试纸、聚乙烯桶、毛刷、去污粉、吸水管、塑料勺、特种铅笔和厘米纸。

三、试剂

（1）0.1 mol/m³ 乙二胺四乙酸二钠（简称 EDTA 二钠）标准溶液：准确称取 EDTA 二钠（分析纯）37.23 g，用 40 ℃～50 ℃ 的无二氧化碳蒸馏水溶解，待全部溶解并冷至室温后，定容至 1 000 mL。

（2）10％氯化铵（NH$_4$Cl）溶液：将 500 g 氯化铵（分析纯或化学纯）放在 10 L 的聚乙烯桶内，加蒸馏水 4 500 mL，充分振荡，使氯化铵完全溶解。也可以分批在 1 000 mL 的烧杯内配制，然后倒入塑料桶内摇匀。

（3）1.8％氢氧化钠（内含三乙醇胺）溶液：用电子天平称 18 g 氢氧化钠（NaOH）（分析纯），放入洁净干燥的 1 000 mL 烧杯中，加 1 000 mL 蒸馏水使其全部溶解，待溶液冷至室温后，加入 2 mL 三乙醇胺（分析纯），搅拌均匀后储于塑料桶中。

（4）钙红指示剂：将 0.2 g 钙试剂酸钠（分子式 C$_{21}$H$_{13}$N$_2$NaO$_7$S，分子量 460.39）与 20 g 预先在 105 ℃烘箱中烘 1 h 的硫酸钾混合，一起放入研钵中，研成极细粉末，储于棕色广口瓶中，以防吸潮。

四、准备标准曲线

（1）取样：取工地用石灰和土，风干后用烘干法测其含水率（如为水泥，则可假定其含水量为 0）。

（2）混合料组成的计算：

①公式：

$$干料质量＝湿料质量／（1＋含水率）$$

②计算步骤：

a. 干混合料质量＝湿混合料质量／（1＋最佳含水率）

b. 干土质量＝干混合料质量／（1＋石灰或水泥剂量）

c. 干石灰或水泥质量＝干混合料质量－干土质量

d. 湿土质量＝干土质量×（1＋土的风干含水率）

e. 湿石灰质量＝干石灰质量×（1＋石灰的风干含水率）

f. 石灰土中应加入的水＝湿混合料质量－湿土质量－湿石灰质量

（3）准备 5 种试样，每种两个样品（以水泥稳定材料为例），如为水泥稳定中、粗粒土，每个样品取 1 000 g 左右（如为细粒土，则可取 300 g 左右）准备试验。为了减少中、粗粒土的离散，宜按设计级配单份掺配的方式备料。5 种混合料的水泥剂量应为：水泥剂量为 0，最佳水泥剂量左右（最佳水泥剂量±2％和±4％），每种剂量取两个（为湿质量）试样，共 10 个试样，并分别放在 10 个大口聚乙烯桶（如为稳定细粒土，可用搪瓷杯或 1 000 mL 具塞三角瓶；如为粗粒土，则可用 5 L 的大口聚乙烯桶）内。土的含水率应等于工地预期达到的最佳含水率，土中所加的水应与工地所用的水相同。

注：在此，准备标准曲线的水泥剂量为：0、2％、4％、6％、8％，如水泥剂量较高或较低，应保证工地实际所用水泥或石灰的剂量位于准备标准曲线时用剂量的中间。

（4）取一个盛有试样的盛样器，在盛样器内加如两倍试样质量（湿质量）体积的 10％氯化铵溶液（如湿质量为 300 g，则氯化铵溶液为 600 mL；如湿质量为 1 000 g，则氯化铵溶液为 2 000 mL）。料为 300 g，则搅拌 3 min（每分钟搅 110～120 次）；料为 1 000 g，则搅拌 5 min。如用 1 000 mL 具塞三角瓶，则手握三角瓶（瓶口向上）用力振荡 3 min（每分钟 120 次±5 次），以代替搅拌棒搅拌。放置沉淀 10 min，然后将上部清液转移到 300 mL 烧杯内，搅匀，加盖表面皿待测。

注：如 10 min 后得到的是混浊悬浮液，则应增加放置沉淀时间，直到出现澄清悬浮液为止，并记录所需的时间，以后所有该种水泥（或石灰）土混合料的试验，均应以同一时间为准。

（5）用移液管吸取上层（液面下 1～2 cm）悬浮液 10.0 mL 放入 200 mL 的三角瓶内，用量筒量取 1.8％氢氧化钠（内含三乙醇胺）溶液 50 mL 倒入三角瓶中，此时溶液 pH 值为 12.5～13.0（可用 pH 12～14 精密试纸检验），然后加入钙红指示剂（质量约为 0.2 g），摇匀，溶液呈玫瑰红色。记录滴定管中 EDTA 二钠标准溶液的体积 V_1，然后用 EDTA 二钠标准溶液滴定，边滴定边摇匀，并仔细观察溶液的颜色；在溶液颜色变为紫色时，放慢滴定速度，并摇匀；直到纯蓝色为终点，记录滴定管中 EDTA 二钠标准溶液体积 V_2（以 mL 计，读至 0.1 mL）。计算 V_1-V_2，即 EDTA 二钠标准溶液的消耗量。

（6）对其他几个盛样器中的试样，用同样的方法进行试验，并记录各自 EDTA 二钠标准溶液的消耗量。

（7）以同一水泥或石灰剂量稳定材料 EDTA 二钠标准溶液的消耗量（mL）的平均值为纵坐标，以水泥或石灰剂量（％）为横坐标制图，两者的关系应是一根顺滑的曲线。如水泥或石灰改变，则必须重做标准曲线。

五、试验步骤

（1）选取有代表性的无机结合料稳定材料，对稳定中、粗粒土取试样约 3 000 g，对稳定细粒土取试样约 1 000 g。

（2）对水泥或石灰稳定细粒土，称 300 g 放在搪瓷杯中，用搅拌棒将结块搅散，加 10％氯化铵溶液 600 mL；对水泥或石灰稳定中、粗粒土，可直接称取 1 000 g 左右，放入 10％氯化铵溶液 2 000 mL，然后如前述步骤进行试验。

（3）利用所绘制的标准曲线，根据 EDTA 二钠标准溶液消耗量，确定混合料中的水泥或石灰剂量（图 2-24、图 2-25）。

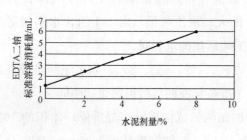

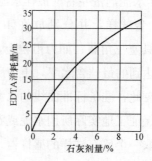

图 2-24　EDTA 二钠标准溶液消
　　　　耗量（水泥剂量）

图 2-25　石灰土强度同石灰剂量的关系

小锦囊

（1）本试验应进行两次平行测定，取算数平均值，精确至 0.1 mL。允许重复性误差不得大于均值的 5%，否则重新进行试验。

（2）每个样品搅拌的时间、速度和方式应力求相同，以增加试验的精度。

（3）做标准曲线时，如工地实际水泥剂量较大，则集料和低剂量水泥的试样可以不做，而直接用较高的剂量做试验，但应有两种剂量大于实用剂量以及两种剂量小于实用剂量。

（4）配制的氯化铵溶液最好当天用完，不要放置过久，以免影响试验的精度。

知识点

石灰剂量是指石灰稳定土中石灰的质量占全部粗细土干质量的百分率，其测定方法有 EDTA 滴定法和直接式测钙仪法。石灰的剂量对石灰稳定土强度影响显著，石灰剂量较低时（小于 3%～4%），石灰主要起稳定作用，使土的塑性、膨胀性、吸水性降低，具有一定的水稳定性。随着剂量的增加，石灰稳定土的强度和稳定性均提高，但当剂量超过一定范围时，过多石灰在土中以自由灰形式存在，反而将导致稳定土的强度下降。

任务四　无机结合料稳定材料无侧限抗压强度测定

一、适用范围

适用于测定无机结合料稳定材料（包括稳定细粒土、中粒土和粗粒土）试件的无侧限抗压强度。

二、仪器设备

标准养护室、水槽、试模（图 2-26）、压力机（图 2-27）或万能试验机、电子天平、量筒、拌和工具、大小铝盒、烘箱、球形支座和机油等。

图 2-26　试模　　　　　　　图 2-27　压力机

三、试件制备和养护

（1）细粒土，试模的直径×高＝ϕ50 mm×50 mm；中粒土，试模的直径×高＝ϕ100 mm× 100 mm；粗粒土，试模的直径×高＝ϕ150 mm×150 mm。

（2）径高比为 1∶1 的圆柱形试件。

（3）标准养生方法进行 7 天的标准养生。

（4）将试件两顶面用刮刀刮平，必要时可用快凝水泥砂浆抹平试件顶面。

（5）为保证试验结果的可靠性和准确性，每组试件的数目要求为：小试件不少于 6 个；中试件不少于 9 个；大试件不少于 13 个。

四、试验步骤

（1）根据试验材料的类型和一般的工程经验，选择合适量程的测力计和压力机，试件破坏荷载应大于测力量程的 20％且小于测力量程的 80％。球形支座和上下顶板涂上机油，使球形支座能够灵活转动。

（2）将已浸水一昼夜的试件从水中取出，用软布吸去试件表面的水分，并称试件的质量 m_4。

（3）用游标卡尺测量试件的高度 h，精确至 0.1 mm。

（4）将试件放在路面材料强度试验仪或压力机上，并在升降台上先放一扁球座，进行抗压试验。在试验过程中，应保持加载速率为 1 mm/min。记录试件破坏时的最大压力 P（N）。

（5）从试件内部取有代表性的样品（经过打破），按照本规程方法，测定其含水量功。

五、计算

试件的无侧限抗压强度计算公式：

$$R_c = \frac{P}{A} \tag{2-24}$$

式中：R_c——试件的无侧限抗压强度，MPa；

P——试件破坏时的最大压力，N；

A——试件的截面积，mm²。

$$A = \frac{1}{4}\pi D^2 \tag{2-25}$$

式中：D——试件的直径（mm）。

小锦囊

（1）抗压强度保留 1 位小数。

（2）同一组试件试验中，采用 3 倍均方差方法剔除异常值，小试件可以允许有 1 个异常值，中试件 1～2 个异常值，大试件 2～3 个异常值。异常值数量超过上述规定的试验重做。

（3）同一组试验的变异系数 C_v（％）符合下列规定，方为有效试验：小试件 $C_v \leqslant 6\%$；中试件 $C_v \leqslant 10\%$；大试件 $C_v \leqslant 15\%$。如不能保证试验结果的变异系数小于规定的值，则应按允许误差 10％和 90％概率重新计算所需的试件数量，增加试件数量并另做新试验。新试验结果与老试验结果一并重新进行统计评定，直到变异系数满足上述规定为止。

知识点

采用无机结合料稳定土无侧限抗压强度指标来表征稳定土的强度，同时采用它进行材料组成设计，选定最适宜于水泥或石灰稳定的材料（包括土），确定施工中所用的无机结合料的最佳剂量，为工地施工提供质量评定标准。

知识链接

一、石灰

（一）石灰分类

石灰俗称白灰，根据成品加工方法的不同，可分为以下四种：

（1）块状生石灰：由原料煅烧而成的原产品，主要成分为 CaO。

（2）生石灰粉：由块状生石灰磨细而得到的细粉，其主要成分也为 CaO。

（3）消石灰：将生石灰用适量的水消化而得的粉末，亦称熟石灰，其主要成分为 $Ca(OH)_2$。

（4）石灰浆：将生石灰加多量的水（为石灰体积的 3～4 倍）消化而得到的可塑性浆体，称为石灰膏，主要成分为 $Ca(OH)_2$ 和水。如果水分加得更多，则呈白色悬浮液，称为石灰乳。

石灰按氧化镁含量不同分为钙质石灰和镁质石灰。当氧化镁含量小于 5％时，称为钙质石灰；超过 5％时，称为镁质石灰。

（二）石灰的消化和硬化

1. 石灰的消化

烧制成的生石灰为块状的，在使用时必须加水使其"消化"成为粉末状的"消石灰"，这一过程也称"熟化",故消石灰也称"熟石灰"。其化学反应为：

$$CaO + H_2O \longrightarrow Ca(OH)_2 + 64.9 \text{ J/mol}$$

消石灰的主要化学成分为 $Ca(OH)_2$。上述化学反应式中理论需水量仅为石灰的 32%，但是由于石灰消化是一个放热反应过程，故实际加水量需达 70% 以上。

在石灰消化时，应注意加水量和加水速度。对消解速度快、活性大的石灰，如加水过慢，水量不够，则已消化的石灰颗粒生成 $Ca(OH)_2$，包围于未消化颗粒周围，使内部石灰不易消化，这种现象称为"过烧"现象；相反，对于活性差的石灰，如加水过快，则发热量少，水温过低，将增加未消化颗粒，这种现象称为"过冷"现象。石灰消化时，为了消除"过火石灰"的危害，可在消化后"陈伏"半月左右再使用。石灰浆在陈伏期间，其表面应有一层水分，使之与空气隔绝，以防止碳化。

2. 石灰的硬化

石灰的硬化过程包括干燥硬化和碳化两部分。

(1) 石灰浆的干燥硬化（结晶作用）。

石灰浆在干燥过程中水分逐渐蒸发或被周围砌体吸收，$Ca(OH)_2$ 从饱和溶液中结晶析出，固体颗粒互相靠拢粘紧，强度也随之提高。

(2) 硬化石灰浆的碳化（碳化作用）。

$Ca(OH)_2$ 与空气中的二氧化碳作用生成碳酸钙晶体，其化学反应如下：

$$Ca(OH)_2 + H_2O + CO_2 \longrightarrow CaCO_3 + 2H_2O$$

石灰浆体的硬化是干燥硬化和碳化同时进行的过程，即表层以碳化为主，内部以结晶为主。随着反应的发生，石灰表面形成一层坚硬的 $CaCO_3$ 薄层，CO_2 不易进入内部，内部水分也不易蒸发，石灰的硬化随时间逐渐减慢。

(三) 石灰的技术要求和技术标准

1. 技术要求

用于道路或桥梁工程的石灰，应符合下列技术要求：

(1) 有效氧化钙和氧化镁含量。

石灰中产生黏结性的有效成分是活性氧化钙和氧化镁，其含量是指石灰中活性氧化钙和氧化镁的质量占石灰试样总质量的百分率，这是评价石灰质量的主要指标。石灰中活性成分（$CaO + MgO$）含量越多，活性越高，质量也越好。

(2) 石灰未消化残渣含量。

石灰未消化残渣含量是指石灰在标准消解条件下，存留于 5 mm 圆孔筛上的残渣质量占石灰试样总质量的百分率。这些残渣为欠火石灰或过火石灰颗粒，它的含量越多，石灰的品质越差，必须加以限制。

(3) 石灰含水量。

石灰在消解过程中，由于加水量难以控制，致使消石灰粉中含有少量的游离水分，对石灰品质有影响，故对其应加以限制。

（4）细度。

消石灰粉消解是否完全及生石灰磨细程度直接影响石灰的黏结力，细度与石灰的质量有密切关系。

2. 技术标准

在公路工程中，石灰技术指标应符合我国行业标准的规定，如表2-11所示。

表 2-11　石灰的技术指标

类　别		钙质生石灰			镁质生石灰			钙质消石灰			镁质消石灰		
	指标	等　级											
项目		Ⅰ	Ⅱ	Ⅲ	Ⅰ	Ⅱ	Ⅲ	Ⅰ	Ⅱ	Ⅲ	Ⅰ	Ⅱ	Ⅲ
有效钙加氧化镁含量/%		≥85	≥80	≥70	≥80	≥75	≥65	≥65	≥60	≥55	≥60	≥55	≥50
未消化残渣含量（5 mm圆孔筛的筛余）/%		≤7	≤11	≤17	≤10	≤14	≤20						
含水量/%								≤4	≤4	≤4	≤4	≤4	≤4
细度	0.71 mm方孔筛的筛余/%							0	≤1	≤1	0	≤1	≤1
	0.125 mm方孔筛的筛余/%							≤13	≤20	—	≤13	≤20	—
钙镁石灰的分类界限，氧化镁含量/%		≤5			>5			≤4			>4		

注：硅、铝、镁氧化物含量之和大于5%的生石灰，有效钙加氧化镁含量指标，①等≥75%，②等≥70%，③等≥60%；未消化残渣含量指标与镁质生石灰指标相同。

（四）石灰的应用和储存

1. 石灰的应用

（1）石灰砂浆：石灰砂浆主要用于地面以上部分的砌筑工程，并可用于抹面等装饰工程。

（2）加固软土地基：在软土地基中打入生石灰桩，可利用生石灰吸水产生膨胀而对桩周围土壤起挤密作用，利用生石灰和黏土矿物间产生的胶凝反应使周围的土固结，从而达到提高地基承载力的目的。

（3）石灰和黏土按一定比例拌和制成石灰土，或与黏土、砂石、矿渣制成三合土，用于工程的垫层。

（4）在道路工程中，随着半刚性基层在高等级路面中的应用，石灰稳定土、石灰粉煤灰稳定土及其稳定碎石等广泛用于路面基层。在桥梁工程中，石灰砂浆、石灰水泥砂浆、石灰粉煤灰砂浆广泛用于圬工砌体。

2. 石灰的储存

（1）磨细的生石灰粉应储存于干燥仓库内，采取严格防水措施。

（2）如需较长时间储存生石灰，最好将其消解成石灰浆，并使表面隔绝空气，以防碳化。

二、无机结合料稳定材料

（一）无机结合料稳定材料概述

1. 无机结合料稳定材料的概念

采用一定的技术措施，在粉碎的或原来松散的土中，掺入适量的无机结合料（如水泥、石灰等）和水，经拌和均匀、压实和养生后得到的一种强度或耐久性符合规定要求的复合混合料，称为无机结合料稳定材料，又称无机结合料稳定土。

2. 无机结合料稳定土的分类

无机结合料稳定土的种类很多，可按下列情况分类：

（1）按无机结合料的种类分类。

按无机结合料的种类不同可分为：石灰稳定土类、水泥稳定土类、综合稳定土类、石灰工业废渣稳定土类等。

①石灰稳定土类：用石灰（消石灰粉或磨细生石灰粉）稳定各类土而得到的混合料。

②水泥稳定土类：用水泥稳定各类土而得到的混合料。

③综合稳定土类：同时用石灰和水泥稳定某种土得到的混合料。其中按水泥用量占石灰水泥总用量的百分比可分为：水泥用量占石灰水泥总用量 30% 以上的，称为水泥综合稳定土；水泥用量占石灰水泥总用量 30% 以下的，称为石灰综合稳定土。

④石灰工业废渣稳定土类：用石灰稳定工业废渣或稳定工业废渣与某种土的混合物而得到的混合料，称为石灰工业废渣稳定土类。

（2）按土的粒径大小和组成分类。

按土的粒径大小和组成可分为：无机结合料稳定土和无机结合料稳定粒料。

①无机结合料稳定土：用无机结合料稳定细粒土而得到的混合料，如石灰土、水泥土、石灰粉煤灰土（简称二灰土）等。

②无机结合料稳定粒料：用无机结合料稳定中粒土或粗粒土等得到的混合料。其中按粒料种类不同可分为：无机结合料稳定砂砾、无机结合料稳定碎石等。

3. 无机结合料稳定土的优缺点

近一二十年来，无机结合料稳定土在道路工程中应用发展很快，其原因主要是它具有很多的优点。

（1）具有良好的力学性能，其抗压强度和抗弯拉强度较高，而且强度与模量随龄期不断增长；水稳定性好，具有抗冻性，结构本身自成板块，在外力作用下变形小，因而又称为半刚性材料。

（2）便于就地取材，易于实现机械化施工，养护费用低。

（3）利用工矿企业废渣，既解决了筑路材料来源的困难，又解决了废渣的堆放处理问题，因此，它是一种品质优良的筑路材料，已广泛用于修建高等级公路路面的基层和底基层。

但是，无机结合料稳定土的最大缺点是干缩或低温收缩容易产生裂缝，这种裂缝会反射到路的表面；另外，其耐磨性差，一般不宜用于路表面。

（二）无机结合料稳定土组成材料的技术要求

为了保证无机结合料稳定土具有良好的技术性能和使用品质，必须正确选用原材料。

1. 无机结合料

目前最常用的无机结合料有水泥和石灰（消石灰与磨细生石灰），它们是稳定土强度形成的主要来源，也是组成材料中价格最贵的。正确的选择原则是：既要满足工程质量的要求，又要满足经济性的要求。

（1）水泥。

普通硅酸盐水泥、矿渣硅酸盐水泥和火山灰质硅酸盐水泥都可用于稳定土。为了满足施工操作工艺过程的需要，应选用初凝时间 3 h 以上和终凝时间较长（宜在 6 h 以上）的水泥。快硬水泥、早强水泥以及受潮变质的水泥不得使用。宜采用强度等级较低的水泥，如 32.5 级或 42.5 级。

（2）石灰。

各种化学组成的石灰均可用于稳定土，但其石灰质量应符合合格品以上标准。石灰时间过久，其有效钙和有效镁的含量会有很大损失，因此要尽量缩短石灰的存放时间。如放较长时间，则应采用覆盖封存措施以妥善保管，一般最好在生产后不迟于三个月内投入使用。

对于等级低于合格品标准的等外石灰及贝壳石灰或珊瑚石灰，可适当增加剂量，经试验其无限抗压强度必须满足要求，才可使用。对于高速公路和一级公路，为了获得良好的稳定效果，通常采用磨细生石灰粉。

2. 土质

对土的一般要求是易于粉碎且满足一定的级配要求，便于碾压成形。

（1）液限与塑性指数。

水泥稳定类，土的液限不宜超过 25%，塑性指数不宜超过 16；用水泥稳定粒径较均匀的砂类，难于碾压，可在砂中掺入少量塑性指数小于 10 的黏质土或石灰土；二灰稳定类，土的塑指数为 12～20；石灰稳定类，土的塑性指数为 15～20。

（2）颗粒组成。

用做基层时，颗粒的最大粒径不应超过 31.5 mm；用做底基层时，最大粒径不应超过

53 mm。最大粒径太大，拌和、摊铺、压实均有困难，表面平整度也难达到要求；最大粒径太小，则动稳性不足且投资增加。水泥稳定类材料用做底基层时，土的均匀系数应不大于5。实际工程中均匀系数宜大于10（均匀系数指通过率为60%的筛孔尺寸与通过率为10%的筛孔尺寸的比值）。

（3）压碎值。

无机结合料稳定土所用的碎石、砾石应具有一定的抗压碎能力。二级和二级以下公路的粒料压碎值应不大于35%（底基层可放宽至40%）；高速公路和一级公路的粒料压碎值应不大于30%。

（4）硫酸盐与腐殖质。

水泥稳定类，有机质含量不应大于2%，硫酸盐含量不应大于0.25%。有机质含量超过2%以及塑性指数偏高的土，不应单用水泥稳定，若需采用这种土，则必须用石灰进行处理之后，方可用水泥稳定。石灰及二灰稳定类所用土的有机质含量不应超过10%，硫酸盐含量不应超过0.8%。

3. 工业废料

（1）活性材料——粉煤灰。

粉煤灰中 SiO_2、Ai_2O_3 和 Fe_2O_3 的总含量应大于70%，其烧失量不应超过20%，比表面积宜大于 2 500 cm^2/g。干粉煤灰和湿粉煤灰都可以使用，干粉煤灰堆在空地上，应加水湿润，以防止飞扬造成污染；湿粉煤灰的含水量不宜超过35%。使用前，应将凝固的粉煤灰块打碎或过筛，同时清除有害杂质。

（2）煤渣。

煤渣是煤经锅炉燃烧后所得到的残渣，它的主要成分是 SiO_2、Ai_2O_3，其松干密度为700~1 100 kg/m^3。纯粗颗粒不宜碾压密实，纯细颗粒施工对含水量变化很敏感，一般要求所使用的煤渣最大粒径应不大于 30 mm，其颗粒组成宜有一定级配，且不宜含有杂质。

（3）水。

凡人或牲畜饮用的水源，均可用于无机结合料稳定土的拌和与养护用水。遇到可疑水源时，应进行试验鉴定。

三、无机结合料稳定土的技术性质与技术标准

1. 稳定土的压实性

无机结合料稳定土的强度、水稳定性、抗冻性及缩裂现象等均与密实度有关。一般稳定土的密实度每增加1%，强度约增加4%，同时其水稳定性和抗冻性也会提高，缩裂现象减少，由此可见提高密实度的重要意义。

现行规定，采用重型击实试验确定无机结合料稳定土的最佳含水量和最大干密度，以规定工地实际压实机械碾压时的合适含水量和应达到的最大干密度。

2. 稳定土的强度

无机结合料稳定土是一种非均质性的复合材料。在土中掺入适量的无机结合料（如水泥、消石灰粉或磨细生石灰粉等），并在最佳含水量时拌匀压实，使结合料与土发生一系列的物理—化学作用，从而使土的工程性质发生根本的变化。初期表现为土的结团、塑性降低及最佳含水量增大和最大干密度减小等；后期变化主要表现为结晶结构的形成，致使刚度不断增大及土的强度和稳定性不断提高。

现行规定，采用无机结合料稳定土无侧限抗压强度指标来表征，同时采用它进行材料组成设计，选定最适宜于水泥或石灰稳定的材料（包括土），确定施工中所用的无机结合料的最佳剂量，为工地施工提供质量评定标准。

（1）影响石灰土强度的主要因素。

①石灰的品质。石灰的品种和等级不同，其稳定效果不同。各种化学组成的石灰均可用于稳定土。在剂量不大的情况下，钙质石灰比镁质石灰稳定土的初期强度高，但镁质石灰稳定土的后期效果并不比钙质石灰差，尤其是在剂量较大时，还优于钙质石灰。石灰的等级越高，其活性（CaO+MgO）含量越大，稳定效果越好。在相同剂量下，石灰细度越大，其比表面积越大，石灰与土粒的作用越充分，反应进行得越快，因而稳定效果越好。

②石灰的剂量。石灰的剂量是指石灰稳定土中石灰的质量占全部粗细土（即砾石、砂粒、粉粒和黏粒）干质量的百分率，其测定方法有 EDTA 滴定法和直接式测钙仪法。石灰的剂量对石灰稳定土强度影响显著，因此，石灰稳定土中石灰土强度与石灰剂量的关系（图 2-28）存在一个最佳剂量，其最佳剂量随土质不同而异，同时也与养生龄期有关。

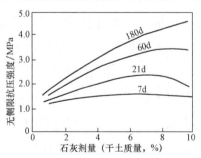

图 2-28　石灰土强度与石灰剂量的关系

在生产实践中，最佳量的选用范围，对于黏性土及粉性土为 8%～16%，对于砂性土则为 10%～18%。

③土质。各种成因的亚砂土、亚黏土、粉质土和黏质土都可以用石灰来稳定。一般来说，黏质土颗粒的活性强，比表面积大，其稳定效果显著，强度高。高液限黏质土施工时不易粉碎和拌和，稳定效果反而差些；低液限黏质土易于粉碎拌和，难以压碾成形，稳定效果不显著。粉质土早期强度较低，后期强度可以满足行车要求。因而，粉质黏土的稳定

效果较好。

④含水量。水是石灰土的重要组成部分，它能促使石灰土发生物理—化学变化，便于施工过程中土的粉碎、拌和与压实，并且有利于养生。不同土质的石灰土具有不同的最佳含水量，需通过重型击实试验确定。

⑤密实度如前所述，石灰土的密实度增加，其强度也会增加，水稳性和抗冻性也会提高，缩裂现象会减少。

⑥石灰土的龄期。石灰土的强度随龄期而增长。一般初期强度低，前期（1～2 个月）强度增长率较后期快，半年时的强度为一个月时的一倍以上，并随时间增长趋于稳定。

⑦养生条件。养生条件不同，石灰土的强度形成差异很大。气温高时，物理—化学作用强，强度增长快；气温低时，强度增长缓慢，在负温度下强度甚至不增长。养生时的湿度对石灰土强度形成也有很大影响，在潮湿条件下养生比在一般空气中养生强度高。

（2）影响水泥土强度的因素。

①水泥的剂量。水泥稳定土的强度随着水泥剂量的增加而增长。过多使用水泥虽能使其强度增加，但同时也会使温缩和干缩现象增多，在经济上也不一定合理。通常在保证土的技术性能起根本性的变化，且能保证水泥稳定土达到设计规定的强度和稳定性的前提下，考虑到水泥稳定土的抗温缩与抗干缩以及经济性，应尽可能降低水泥剂量。水泥剂量控制在 5%～10% 较为合理。

②土质。土的类别和性质是影响水泥稳定土的重要因素，除有机质或硫酸盐含量高的土外，各种砂砾土、砂土、粉质土和黏质土均可用水泥稳定，但稳定效果不同。试验和生产实践证明，用水泥稳定级配良好的土，既可节约水泥，又可取得满意的稳定效果。稳定效果最好的是级配良好的碎（砾）石和砂砾，其次是砂性土，再次是粉性土和黏性土。对于重黏土，由于难以粉碎和拌和，故不适宜用水泥稳定。

③含水量。含水量对水泥稳定土强度影响很大，当含水量不足时，水泥不能在混合料中完全水化和水解，发挥不了水泥对土的稳定作用，影响强度形成。同时，含水量小，致使混合料达不到最佳含水量，也会影响水泥稳定土的压实度。因此，使混合料含水量达到最佳含水量的同时，也要满足水泥完全水化水解的需要。一般水泥正常水化所需的水量约为水泥质量的 20%。对于砂性土，完全水化达到最高强度的含水量较最佳密实度时的含水量小；而对于黏质土，则相反。

④施工工艺过程水泥。土和水拌和得越均匀，且能在最佳含水量下压实，其密实度越大，强度和稳定性就高。水泥稳定土从开始加水拌和到完全压实的延长时间要尽可能短，一般不要超过 6 小时。若时间过长，则水泥凝结，在碾压时，不但达不到压实度的要求，还会破坏已结硬水泥的胶凝作用，反而会使水泥稳定土强度下降。

⑤养生条件。水泥稳定土需要湿法养生，使混合料中能够维持足够的水分，以满足水

泥水化水解作用的需要。同时，养生温度越高，强度增长越快。因此，要保证水泥稳定土在养生期间具有一定的温度和湿度，以满足强度不断增长的需要。

3. 稳定土的缩裂特性

无机结合料稳定土的最大缺点是抗变形能力低，特别是在温度和湿度变化时容易产生裂缝。当采用无机结合料稳定土作为沥青路面的基层时，这些裂缝易于反射到面层，造成路面产生裂缝，进而严重影响沥青路面的使用性能。了解无机结合料稳定土的缩裂规律，对减少防止裂缝具有十分重要的意义。

无机结合料稳定土裂缝防治措施有：

①改善土质无机结合料稳定，土的缩裂性质与用土的黏性有关。用土越黏，则缩裂越严重，故应采用黏性较小的土，或在黏性土中掺入砂土、粉煤灰等，以降低土的塑性指数。

②控制压实含水量及压实度，稳定土因含水量过多产生的干缩裂缝显著，压实度小时产生的干缩要比压实度大时严重。因此，稳定土压实时含水量比最佳含水量略小为好，并尽可能达到最佳压实效果。

③掺加粗粒料：掺入一定数量（掺入量为 $60\%\sim70\%$）的粗粒料，如砂、碎石、砾石、煤渣及矿渣等，使混合料满足最佳组成要求，可以提高其强度和稳定性，减少缩裂产生，同时可以节约结合改善碾压时的拥挤现象。

④其他措施：加强初期养护、设立隔裂过渡层等。

四、无机结合料稳定材料的配合比设计

1. 分类

水泥稳定土、石灰稳定土、石灰工业废渣稳定土、级配碎石、级配砾石和填隙碎石。

2. 水泥稳定土混合料配合比设计步骤

（1）备样：水、砂、石。

（2）配制剂量：

①做基层用。中粒土和粗粒土：3%、4%、5%、6%、7%。砂土：6%、8%、9%、10%、12%。其他细粒土：8%、10%、12%、14%、16%。

②做底基层用。中粒土和粗粒土：2%、3%、4%、5%、6%。砂土：4%、6%、7%、8%、10%。其他细粒土：6%、8%、9%、10%、12%。

（3）确定各种混合料的最佳含水量和最大干密度，至少做三组不同结合料剂量的混合料击实试验，即最小剂量、中间剂量和最大剂量。其他两个剂量混合料的最佳含水量和最大干密度用内插法确定。

（4）按最佳含水量和计算得到的干密度（按规定的现场压实度计算）制备试件进行强度试验时，作为平行试验的试件数量应符合规定（表2-12）。

表 2-12　最少的试验数量

稳定土类型	试件尺寸/mm	下列偏差系数时的试验数量		
		<10%	<15%	<20%
细粒土	$\phi50\times50$	6	9	—
中粒土	$\phi100\times100$	6	9	13
粗粒土	$\phi150\times150$	—	9	13

（5）试件在规定温度（北方 20 ℃±2 ℃，南方 25 ℃±2 ℃）下保湿养生 6 天，浸水 1 天，然后进行无侧限抗压强度试验，并计算抗压强度试验结果的平均值和偏差系数（表 2-13）。

表 2-13　水泥稳定土的强度标准　　　　　　　　　　MPa

公路等级 层位	二级和二级以下公路	一级和高速公路
基层	2.5～3.0	3.0～5.0
底基层	1.5～2.0	1.5～2.5

（6）根据强度标准，选定合适的结合料剂量。此剂量的试件室内试验结果的平均抗压强度 $\overline{R_7}$ 应符合：

$$\overline{R_7}\geqslant R_d/(1-Z_aC_v)\text{或}\overline{R_7}(1-Z_aC_v)\geqslant R_d \tag{2-26}$$

式中：R_d——设计抗压强度；

　　　C_v——试验结果的偏差系数（以小数计）；

　　　Z_a——标准正态分布表中随保证率而变的系数，重交通道路上应取保证率 95%，此时 $Z_a=1.645$；其他道路上应取保证率 90%，此时 $Z_a=1.282$。

（7）考虑到室内试验和现场条件的差别，工地实际采用的结合料剂量应较室内试验确定的剂量多 0.5%～1.0%。采用集中厂拌法施工时，可只增加 0.5%；采用路拌法施工时，宜增加 1.0%。

知识扩展

1. 粉煤灰的来源与成分

粉煤灰是火力发电厂的工业废料。火力发电厂为了提高煤的燃烧程度，一般将块状煤磨细成粉末状煤粉，在温度为 1 100 ℃～1 400 ℃的炉内燃烧，从烟道内依据机械装置或静电聚灰装置收集起来的一种非常细小的轻质粉末状灰尘，就是粉煤灰。它不仅可用作粉煤灰水泥的原料，而且在公路与桥梁工程中，除了用作水泥混凝土的组成材料外，更多的是用于无机结合料稳定土中。

粉煤灰主要是从煤层裂缝中聚集的岩屑得来，占煤质量的百分率为 8%～14%。它与煤渣不同，煤渣是从炉底掉下来的粒状副产品。

粉煤灰是一种火山灰质材料，是一种硅质或硅铝质材料。因含有少量的氧化钙，故其本身很少或几乎没有黏结性。细分散状态的粉煤灰与石灰（或水泥）拌和后，在常温下经氧化钙或氢氧化钙的激活，活性氧化硅和氧化铝具有一定的火山灰作用，形成水化硅酸钙和水化铝酸钙，使其具有一定的黏结性。一般组分中玻璃质球体与结晶质之比越大，其火山灰质活性越强，因而，活性氧化硅和氧化铝的含量是评定粉煤灰应用的重要指标，通常要求其含量不低于 70%。隋性材料氧化铁及焦炭残留物不具备活性，一般对其含量加以限制。

2. 粉煤灰技术指标与技术标准

（1）粉煤灰技术指标。

①粉煤灰的细度。粉煤灰颗粒的粗细程度，直接影响与结合料（如石灰、水泥）混合后反应所形成的水化生成物的数量，从而影响混合料的强度。粉煤灰的颗粒越细，比表面积越大，粉煤灰的活性越强。所以细度是粉煤灰分级的一项指标。细度是以 0.045 mm 方孔筛的筛余百分率来表示的。

②粉煤灰的烧失量。粉煤灰的烧失量是指粉煤灰在高温灼烧下损失的质量占总质量的百分率。粉煤灰中含有一定数量未烧尽的固态碳，这些碳成分的增加，即意味着活性氧化硅和氧气成分的降低，同时会导致粉煤灰需水量的增加，降低混合料的强度，因此，要加以限制。

③粉煤灰的需水量比。粉煤灰的需水量比是指在相同流动度下，粉煤灰的需水量与硅酸盐水泥需水量的比值。需水量比小的粉煤灰掺入水泥混凝土中，可增加其流动性、改善和易性、提高强度，但必须加以限制 SO_3 含量，超过一定限量时，会使其制作混合料（如水泥混凝土、稳定土）后期生成有害的钙矾石，导致结构物产生危害。粉煤灰中 SO_3 含量的测定方法是先测定硫酸盐含量，然后再折算成 SO_3 含量。

④氧化物含量（$SiO_2＋Ai_2O_3＋Fe_2O_3$）。粉煤灰中氧化物的含量对混合料的强度有明显影响。一般规定粉煤灰中氧化物的含量要大于 70%。

（2）粉煤灰的技术标准。

我国现行国标《用于水泥和混凝土中的粉煤灰》规定，用于拌制混凝土作为掺合料的粉煤灰按上述细度、需水量比、烧失量和 SO_3 含量四项指标分为三个等级（表 2-14）。

表 2-14　拌制水泥混凝土用粉煤灰的分级

粉煤灰等级	质量指标			
	细度是以 0.045 mm 方孔筛的筛余	烧失量/%	需水量/%	SO_3 含量/%
Ⅰ	≤12	≤5	≤95	≤3
Ⅱ	≤20	≤8	≤105	≤3
Ⅲ	≤45	≤15	≤115	≤3

我国现行行业标准规定，用于石灰工业废渣稳定土中的粉煤灰，其 SiO_2、Al_2O_3 和 Fe_2O_3 的总含量应大于 70%，烧失量不应超过 20%，粉煤灰的比表面积宜大于 2 500 cm^2/g（或 90%通过 0.3 mm 筛孔、70%通过 0.75 mm 筛孔）。

模块三　沥青路面材料

模块概述

　　现代建筑物中广泛使用沥青和沥青混合料等材料。沥青混合料是由沥青和碎石两种物理—力学性质不同的材料按一定的方式结合而成的共同受力体，被广泛用于路面结构层中。本模块重点介绍沥青的技术性质和技术标准及沥青混合料的技术性质和配比设计等内容。

知识目标

　　◆掌握石油沥青技术性质与技术指标；
　　◆掌握沥青混合料的技术性质和配比设计方法。

技能目标

　　◆会进行石油沥青技术指标的检测工作；
　　◆会进行沥青混合料组成配合比计算及技术指标检测工作。

项目一　沥青技术指标测定

　　××新建二级公路为沥青路面结构，现质量监督部门对该工地现场所用原材料沥青质量提出疑问。作为施工方，为了验证该沥青质量合格，可以用于该工程，做了如下工作。

任务一 沥青针入度试验

一、试验目的

适用于测定道路石油沥青、改性沥青针入度以及液体石油沥青蒸馏或乳化沥青蒸发后残留物的针入度。

二、仪器设备和溶剂

针入度仪（图 3-1）、恒温水槽（图 3-2）、温度计（图 3-3）、计时器（图 3-4）、三氯乙烯等溶剂、电炉或砂浴、石棉网、金属锅或瓷把坩埚等。

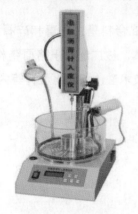

图 3-1 针入度仪

图 3-2 恒温水槽

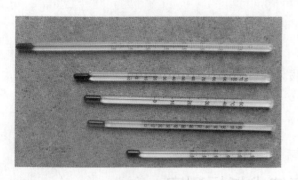

图 3-3 温度计

图 3-4 计时器

三、试验准备与步骤

1. 准备工作

按试验要求将恒温水槽调节到要求的试验温度（25 ℃）保持稳定。将试样注入盛样皿中，试样高度应超过预计针入度 10 mm，并盖上盛样皿，以防落入灰尘。盛有试样的盛样皿在 15 ℃～30 ℃室温中冷却 1.5 h。调整针入度仪使之水平，用三氯乙烯或者其他溶剂清洗标准针，并擦干。将标准针插入针连杆，用螺钉固紧，按试验条件加上附加砝码。

2. 试验步骤

（1）取出达到恒温的盛样皿，并移入水温控制在试验温度±0.1 ℃（可用恒温水槽中的水）平底玻璃皿中的三脚支架上，试样表面以上的水层深度不少于 10 mm。

（2）将盛有试样的平底玻璃皿置于针入度仪的平台上，慢慢放下针连杆，用适当位置的反光镜或灯光反射观察，使针尖恰好与试样表面接触。拉下刻度盘的拉杆，使其与针连杆顶端轻轻接触，调节刻度盘或深度指示器的指针复位为零。

（3）开始试验，按下释放键，这时计时与标准针落下贯入试样同时开始，至 5 s 时自动停止。

（4）读取位移计或刻度盘指针的读数，准确至 0.1 mm。

（5）同一试样平行试验至少 3 次，各测试点之间及与盛样皿边缘的距离不应少于 10 mm。每次试验应换一根干净标准针或将标准针取下用蘸有三氯乙烯溶剂的棉花或布揩净，再用干棉花或布擦干。

（6）测定针入度大于 200 的沥青试样时，至少用 3 支标准针，每次试验后将针留在试样中，直至 3 次平行试验完成后，才能将标准针取出。

（7）测定针入度指数 PI 时，按同样的方法在（15 ℃、25 ℃、30 ℃、5 ℃）3 个或 3 个以上（必要时增加 10 ℃、20 ℃等）温度条件下分别测定沥青针入度，但用于仲裁试验的温度条件应为 5 个。

小锦囊

同一试样 3 次平行试验结果的最大值和最小值之差在表允许偏差范围内时，计算 3 次试验结果的平均值，取至整数作为针入度试验结果，以 0.1 mm 为单位（表 3-1）。当试验值不符合表 3-1 的要求时，应重新进行试验。

表 3-1　针入度允许差

针入度/0.1 mm	允许差值/0.1 mm
0～49	2
50～149	4
150～249	12
250～500	20

（1）针入度的条件有三项，分别为温度、时间和针质量，这三项要求不一样，会严重影响结果的正确性。

（2）影响沥青针入度测定值的一个非常重要的步骤就是标准针与试样表面的接触情况。

（3）将沥青试样注入试皿时，不应留有气泡。若有气泡，则可用明火将其消掉，以免影响结果的正确性。

> **知识点**
>
> 针入度是指在温度为 25 ℃的条件下，以质量 100 g 的标准针，经 5 s 沉入沥青中的深度（0.1 mm 称 1 度）来表示。通常测定的针入度越大，表示沥青越软，其稠度越小，黏度越低。针入度为 5～200 度。
>
> 按针入度可将石油沥青划分为以下几个牌号：道路石油沥青牌号有 200、180、140、100 甲、100 乙、60 甲、60 乙等号；建筑石油沥青牌号有 30、10 等号；普通石油沥青牌号有 75、65、55 等号。

任务二　沥青延度试验

一、试验目的

适用于测定道路石油沥青、液体沥青蒸馏残留物和乳化沥青蒸发残留物等材料的延度。

二、仪器及试剂

延度仪（图 3-5）、试模（图 3-6）、玻璃板、恒温水槽（图 3-7）、温度计、砂浴或其他加热炉具（图 3-8）、甘油滑石粉隔离剂、平刮刀、石棉网、酒精和食盐等。

图 3-5　延度仪

图 3-6　试模

图 3-7　恒温水槽

图 3-8　加热炉具

三、试验准备与步骤

1. 准备工作

（1）将隔离剂涂于清洁干燥的试模底板和两个侧模的内侧表面，并将试模在底板上装妥。

（2）按规程有关规定的方法准备试样，然后将试样自试模的一端至另一端往返数次缓缓注入模中，最后略高出试模，灌模时应注意勿使气泡混入。

（3）将试件在室温中冷却 30~40 min，然后置于规定试验温度±0.1 ℃的恒温水槽中，保持 30 min 后取出，用热刮刀刮除高出试模的沥青，使沥青面与试模面齐平。沥青的刮法应自试模的中间刮向两端。将试模连同底板浸入规定试验温度的水槽中 1~1.5 h。

（4）检查延度仪延伸速度是否符合规定要求。

2. 试验步骤

（1）将保温后的试件连同底板移入延度仪的水槽中，然后将盛有试样的试模自玻璃板上取下，将试模两端的孔分别套在滑板及槽端固定板的金属柱上，并取下侧模。水面距试件表面应不小于 25 mm。

（2）开动延度仪，并注意观察试样的延伸情况。

（3）试件拉断时，读取指针所指标尺上的读数，以 cm 表示。

小锦囊

同一试样，每次平行试验不少于 3 个，如 3 个测定结果均大于 100 cm，则试验结果记作">100 cm"；特殊需要也可分别记录实测值。当 3 个测定结果中有 1 个以上的测定值小于 100 cm 时，若最大值或最小值与平均值之差满足重复性试验的精度要求，则取 3 个测定结果的平均值的整数作为延度试验结果；若平均值大于 100 cm，则记作">100 cm"；若最大值或最小值与平均值之差不符合重复性试验精度要求，则试验应重新进行。当试验结果小于 100 cm，重复性试验的允许差为平均值的 20%；复现性试验的允许差为平均值的 30%。

（1）在浇铸试样时，隔离剂配置要适当。

（2）在灌模时应使试样高出试模，以免试样冷却后欠模。

（3）试验时延度仪不得有振动，水面不得晃动。

（4）在刮模时，刮刀的热度应适中。

（5）在试验中，如发现沥青细丝浮于水面或沉入槽底，则应在水中加入酒精或食盐，调整水的密度至与试样相近后，重新试验。

沥青的塑性用"延伸度"（或称延度）表示。按标准试验方法，制成"8"字形标准试件，试件中间最狭处断面积为 1 cm²，在规定温度（一般为 25 ℃）和规定速度（5 cm/min）的条件下在延伸仪上进行拉伸，延伸度以试件拉细而断裂时的长度（cm）表示。沥青的延伸度越大，沥青的塑性越好。

任务三 沥青软化点试验

一、试验目的

适用于测定道路石油沥青、煤沥青的软化点，也适用于测定液体石油沥青经蒸馏或乳化沥青破乳蒸发后残留物的软化点。

二、仪具

软化点试验仪（图 3-9）、装有温度调节器的电炉（图 3-10）、恒温水槽（图 3-11）、甘油滑石粉隔离剂、平直刮刀、蒸馏水和石棉网等。

图 3-9　软化点试验仪　　　　图 3-10　加热炉具　　　　图 3-11　恒温水槽

三、试验准备与步骤

1. 准备工作

将试样环置于涂有甘油滑石粉隔离剂的试样底板上。按《公路工程沥青及沥青混合料试验规程》的规定方法将准备好的沥青试样徐徐注入试样环内至略高出环面。试样在室温下冷却 30 min 后，用热刮刀刮除环面上的试样，应使其与环面齐平。

2. 试验步骤

（1）将装有试样的试样环连同试样底板置于 5 ℃±0.5 ℃水的恒温水槽中至少 15 min；同时将金属支架、钢球、钢球定位环等也置于相同水槽中。

（2）在烧杯内注入新煮沸并冷却至 5 ℃的蒸馏水，水面略低于立杆上的深度标记。

（3）从恒温水槽中取出盛有试样的试样环放置在支架中层板的圆孔中，套上定位环；然后将整个环架放入烧杯中，调整水面至深度标记，并保持水温为 5 ℃±0.5 ℃。环架上任何部分不得附有气泡。将 0 ℃~80 ℃的温度计由上层板中心孔垂直插入。

（4）将盛有水和环架的烧杯移至放有石棉网的加热炉上，然后将钢球放在定位环中间的试样中央，并开始加热，使杯中水温在 3 min 内调节至能维持每分钟上升 5 ℃±0.5 ℃。

（5）试样受热软化逐渐下坠至与下层底板表面接触时，应立即读取温度，精确至 0.5 ℃。

小锦囊

同一试样平行试验两次，当两次测定值的差值符合重复性试验精度要求时，取其平均值作为软化点试验结果，准确至 0.5 ℃；当试样软化点小于 80 ℃时，重复性试验的允许差为 1 ℃，复现性试验的允许差为 4 ℃。

（1）在浇铸试样时，隔离剂配置要适当，以免试样取不下来，对于黏结在玻璃上的试样，应放弃。在试模底部涂隔离剂时，不宜太多，以免隔离剂占用试样部分体积，冷却后造成试样断面不合格，影响试验结果。

（2）在灌模时应使试样高出试模，以免试样冷却后欠模。

（3）对于延度较大的沥青试样，为了便于观察延度值，延度值底部应尽量采用白色衬砌。

（4）在刮模时，应将沥青与试模刮齐，尤其是试模中部，不应有低凹现象。

知识点

温度敏感性常用软化点来表示，软化点是沥青材料由固体状态转变为具有一定流动性的膏体时的温度。软化点可通过"环球法"试验测定，将沥青试样装入规定尺寸的铜环中，上置规定尺寸和质量的钢球，再将置球的铜环放在有水或甘油的烧杯中，以 5 ℃/min 的速率加热至沥青软化下垂达 25 mm 时的温度，即沥青软化点。

不同沥青的软化点在 25 ℃~100 ℃。软化点高，说明沥青的耐热性能好，但软化点过高，又不易加工；软化点低的沥青，夏季易产生变形，甚至流淌。

知识链接

沥青是一种有机胶结料，是由一些极其复杂的高分子碳氢化合物及这些碳氢化合物的非金属衍生物所组成的化合物。

由于沥青的产源及加工方法不同，致使沥青种类繁多，故我国对沥青的命名和分类为：地沥青（天然地沥青、石油地沥青）和焦油沥青（煤沥青、木沥青、页岩沥青）。

在道路建筑中最常用的主要是石油沥青和煤沥青两类。煤沥青也可作为防水工程材料和防腐材料。在道路建筑上使用的沥青必须具有良好的路用性能，即在低温条件下应具有弹性和塑性；在高温时应具有足够的强度和稳定性；在加工和使用时应具有抗老化能力；与各种矿物拌和作为路面的铺筑材料时应具有较强的黏附力；对基层变形有一定的适应性和耐疲劳性。

一、沥青的技术性质

1. 沥青的密度与相对密度

沥青的密度是式样在规定温度下单位体积所具有的密度，以 t/m^3 或 g/m^3 表示。非经注明，测定沥青的标准温度为 15 ℃。沥青与水的相对密度是指 25 ℃ 相同温度下的密度之比。

2. 沥青的黏滞性

沥青的黏滞性是沥青在外力作用下抵抗破坏的能力，是与沥青路面力学性能联系最密切的一种性质。在现代交通条件下，为防止路面出现车辙，沥青黏度的选择是首要考虑的参数。沥青的黏性通常用黏度表示，同时黏度是沥青等级划分的主要依据。测定黏稠石油沥青的方法很多，工程上通常采用针入度仪来测定相对黏度；对于液体石油沥青的相对黏度，可用标准黏度计测定。

3. 沥青的热稳定性

沥青是一种非晶质高分子材料，当稳定升高时，沥青由固态或半固态逐渐软化成黏流态，当温度降低时，由黏流态转变为固态至变脆。在工程实际中要求沥青随温度的变化，其黏性和塑性变化很小。沥青材料热稳定性通常用软化点指标来表征。

4. 沥青的塑性

沥青的塑性是当其受到外力的拉伸作用时，所能承受的塑性变形的总能力。通常用延度作为塑性指标来表征。

5. 沥青的闪燃点

闪燃点（闪火点）是指加热沥青挥发出可燃气体与空气组成混合气体在规定条件下和火接触，产生闪火时的沥青温度。燃点（着火点）指沥青加热产生的混合气体与火接触能持续燃烧 5 s 以上，此时沥青温度即燃点（℃）。闪燃点温度相差 10 ℃左右。

6. 沥青的溶解度

溶解度是指石油沥青在三氯乙烯中溶解的百分率（即有效物质含量）。那些不溶解的物质为有害物质，会降低沥青的性能，应加以限制。

7. 沥青的含蜡量

蜡是沥青中的一种有害成分，它能降低沥青的黏性、塑性和温度稳定性。在公路工程中，国际上对蜡含量规定不大于5%。我国根据工程的实际情况对蜡含量给予适量考虑。

二、乳化沥青

乳化沥青是将黏稠沥青加热至流动状态，经机械力的作用，而形成微粒（粒径为2~5 mm）分散在有乳化剂—稳定剂的水中，由于乳化剂—稳定剂的作用而形成均匀稳定的乳状液，又称沥青乳液，简称乳液。乳化沥青主要由沥青、乳化剂、稳定剂和水等组成。

1. 乳化沥青的技术性质

乳化沥青在使用中，涂覆到材料的基层上或与砂石集料及粉状填充物拌和成形之后，可在较短时间内破乳，凝聚成连续的沥青黏结膜层，此过程称乳化沥青的成膜。沥青膜的形成速度及质量与温度有关，即与脱水速度有关。

2. 乳化沥青的应用

乳化沥青用于修筑路面，不论是阳离子型乳化沥青（代号C）或阴离子型乳化沥青（代号A），有两种施工方法：

（1）洒布法（代号P），如透层、黏层、表面处理或贯入碎石路面；

（2）拌和法（代号B），如沥青碎石或沥青混合料路面。

乳化沥青按其分裂速度可分为快裂、中裂和慢裂三种类型。

项目二　沥青混合料的技术指标测定

××新建二级公路为沥青路面结构，现质量监督部门对该工地现场沥青混合料质量提出疑问。作为施工方，为了验证该沥青混合料质量合格，可以用于该工程，做了如下工作。

任务一　沥青混合料试件制作试验

一、试验目的

适应于标准击实或大型击实法制作混合料试件，以供试验室进行沥青混合料物理、力学性质试验。

二、仪器

标准击实仪（图3-12）、实验室用沥青混合料拌和机（图3-13）、脱模器（图3-14）、试模、温度计、插刀或大螺丝刀、电炉或煤气炉、沥青熔化锅、拌和铲、标准筛（图3-15）、滤纸（或普通纸）、胶布、卡尺、秒表、粉笔、棉纱等。

图 3-12　标准击实仪

图 3-13　实验室用沥青
混合料拌和机

图 3-14　脱模器

图 3-15　标准筛

三、试验准备与步骤

（1）在拌和厂或施工现场采集沥青混合料试样。将试样置于烘箱中或加热的砂浴上保温，在混合料中插入温度计测量温度，待混合料温度符合要求后成形。

（2）在实验室人工配制沥青混合料时，材料准备按下列步骤进行：

①将各种规格的矿料置于 105 ℃±5 ℃的烘箱中烘干至恒量（一般不少于 4～6 h）。根据需要，粗集料可先用水冲洗干净后烘干，也可将粗细集料过筛后用水冲洗再烘干备用。

②按规定试验方法分别测定不同粒径规格粗、细集料和填料（矿粉）的各种密度及沥青的密度。

③将烘干分级的粗细集料按每个试件设计级配要求称其质量，在金属盘中混合均匀；矿粉单独加热，置烘箱中预热至沥青拌和温度以上约 15 ℃（采用石油沥青时通常为163 ℃）备用。一般按一组试件（每组 4～6 个）备料，但进行配合比设计时宜对每个试件分别备料。

④将按规程采集的沥青试样用恒温烘箱或油浴、电热套熔化加热至规定的沥青混合料

拌和温度备用，但不得超过 175 ℃。

（3）用蘸有少许黄油的棉纱擦净试模、套筒及击实座等，并置于 100 ℃左右烘箱中加热 1 h 备用。常温沥青混合料用试模不加热。

四、拌制沥青混合料

（1）将沥青混合料拌和机预热至拌和温度 10 ℃左右备用。

（2）将每个试件预热的粗、细集料置于拌和机中，用小铲子适当混合，再加入需要数量的已加热至拌和温度的沥青，开动拌和机，一边搅拌一边将拌和叶片插入混合料中拌 1～1.5 min。然后暂停拌和，加入单独加热的矿粉，继续拌和至均匀为止，并使沥青混合料保持在要求的拌和温度范围内。标准的总拌和时间为 3 min。

五、成形方法

（1）马歇尔标准击实法的成形步骤如下：

①将拌好的沥青混合料均匀称取一个试件所需的用量（标准马歇尔试件约 1 200 g，大型马歇尔试件约 4 050 g）。当已知沥青混合料的密度时，可根据试件的标准尺寸计算并乘以 1.03 得到要求的混合料数量。

②烘箱中取出预热的试模及套筒，用蘸有少许黄油的棉纱擦拭套筒、底座及击实锤底面，将试模装在底座上，垫一张吸油性小的圆纸，按四分法从四个方向用小铲将混合料铲入试模中，用插刀或大螺丝刀沿周边插捣 15 次，中间 10 次。插捣后将沥青混合料表面整平成凸圆弧面。对大型马歇尔试件，混合料分两次加入，每次插捣次数同上。

③插入温度计至混合料中心附近，检查混合料温度。

④待混合料温度符合要求的压实温度后，将试模连同底座一起放在击实应上固定，在装好的混合料上面垫一张吸油性小的圆纸，再将装有击实锤及导向棒的压实头插入试模中，然后开启电动机或人工将击实锤从 45.7 mm 的高度自由落下击实规定的次数（75 次、50 次或 35 次）。对大型马歇尔试件，击实次数为 75 次（相应于标准击实 50 次的情况）或 112 次（相应于标准击实 75 次的情况）。

⑤试件击实一面后，取下套筒，将试模掉头，再装上套筒，然后以同样的方法和次数击实另一面。

⑥试件击实结束后，立即用镊子取掉上下面的纸，用卡尺量取试件离试模上口的高度并由此计算试件高度，如高度不符合要求，则试件应作废，并调整试件的混合料质量，以保证高度符合 63.5 mm±1.3 mm（标准试件）或 95.3 mm±2.5 mm（大型试件）的要求。

（2）卸去套筒和底座，将装有试件的试模横向放置冷却至室温后（不少于 12 h），置脱模机上脱出试件。用作现场马歇尔指标检验的试件，在施工质量检验过程中如急需试验，允许采用电风扇吹冷 1 h 或浸水冷却 3 min 以上的方法脱模，但浸水脱模法不能用于测量密度、空隙率等各项物理指标。

（3）将试件仔细置于干燥洁净的平面上，供试验用。

小锦囊

标准击实法或大型击实法制作混合料试件，以供实验室进行沥青混合料物理—力学性质试验使用。标准击实法适用于马歇尔试验、间接抗拉试验（劈裂法）等所适用的 101.6 mm×63.5 mm 圆柱体试件的成形，大型击实法适用于 152.4 mm×95.3 mm 的大型圆柱体的成形。

任务二　沥青混合料密度测定

一、试验目的

适用于测定吸水率不大于 2‰的各种沥青混合料试件密度测定，包括I型或较密实的II型沥青混凝土、抗滑表层混合料、沥青玛蹄脂碎石混合料（SMA）试件毛体积相对密度或毛体积密度的测定。

二、仪器

天平（图 3-16）或电子秤、溢流水箱（图 3-17）、试件悬吊装置、网篮、秒表、毛巾、电风扇（图 3-18）或烘箱（图 3-19）等。

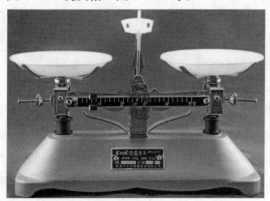

图 3-16　天平

图 3-17　溢流水箱

图 3-18　电风扇

图 3-19　烘箱

三、试验准备与步骤

（1）选择适宜的天平或电子秤，最大称量应不小于试件质量的 1.25 倍，且不大于试件质量的 5 倍。

（2）除去试件表面的浮粒，称取干燥试件的空气中质量（m_a），根倨选择天平的感量读数，精确至 0.1 g、0.5 g 或 5 g。

（3）挂上网篮，浸于溢流水箱中，调节水位，将天平调平或复零，把试件置于网篮中（注意不要晃动水）浸水 3～5 min，称取水中质量（m_w）。若天平读数持续变化，不能很快达到稳定，则说明试件吸水较严重，不适用于此法测定，应改用蜡封法测定。

（4）从水中取出试件，用洁净柔软的拧干湿毛巾轻轻擦去试件表面的水（不得吸走空隙内的水），称取试件的表干质量（m_f）。

（5）对从路上钻取的非干燥试件可称取水中质量（m_w），然后用电风扇将试件吹干至恒量（一般不少于 12 h，当不需进行其他试验时，也可用 60 ℃±5 ℃烘箱烘干至恒量），再称取其空气中质量（m_a）。

> **小锦囊**
>
> 试件毛体积密度试验重复性的允许误差为 0.020 g/cm³，试件毛体积相对密度试验重复性的允许误差为 0.02。

> **知识点**
>
> 本方法测定的毛体积密度适用于计算沥青混合料试件的空隙率、矿料间隙率等各项体积指标。测定密度还有三种测试方法：水中重法、封蜡法、体积法。

任务三　马歇尔稳定度测定

一、试验目的

适用于马歇尔稳定度试验和浸水马歇尔稳定度试验，以进行沥青混合料的配合比设计或沥青路面施工质量检验。

二、仪器

沥青混合料马歇尔试验仪（图 3-20）、恒温水槽（图 3-21）、烘箱（图 3-22）、天平（图 3-23）、温度计、卡尺（图 3-24）或试件高度测定器、棉纱、黄油。

图 3-20 沥青混合料马歇尔试验仪　　　　　　　图 3-21 恒温水槽

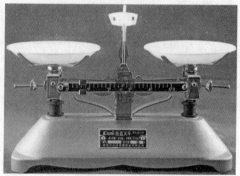

图 3-22 烘箱　　　　　　　　　　　图 3-23 天平

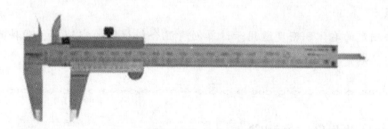

图 3-24 卡尺

三、试验准备与步骤

（1）按规程要求，标准马歇尔小型试件直径为 101.6 mm±0.2 mm，高度为 63.5 mm ±1.3 mm，一组试件不得少于 4 个，并符合规定。

（2）测量试件直径和高度（如试件要求或两侧高度差大于 2 mm 时，此试件应作废）。

（3）测定试件的物理指标。

（4）将恒温水槽（或烘箱）调节至要求的试验温度，将试件置于已达规定温度的恒温水槽（或烘箱）中保温 30～40 min。试件应垫起，马歇尔试验仪的上、下压头应放入水槽

（或烘箱）中达到同样温度。将上、下压头从水槽（或烘箱）中取出并擦拭干净，将试件取出置于下压头上，盖上上压头，然后装在加载设备上。

（5）将流值测定装置安装好。

（6）启动加载设备，使试件承受荷载，速度为（50±5）mm/min。读取稳定度和流值的读数（从恒温水槽中取出试件至测出最大荷载值的时间，不应超过30 s）。

小锦囊

（1）稳定度和流值直接从仪器上读出。

（2）马歇尔模数：

$$T = \frac{MS}{FL} \tag{3-1}$$

式中：T——试件的马歇尔模数，kN/mm；

MS——试件的稳定度，kN；

FL——试件的流值，0.1 mm。

①当一组测定值中某个数据与平均值大于标准差的 k 倍时，该测定值应予舍弃，并以其余测定值的平均值作为试验结果。当试验数 n 为 3、4、5、6 时，k 值分别为 1.15、1.46、1.67、1.82。

②试验结果报告应包括马歇尔稳定度、流值、马歇尔模数以及试件尺寸、试件的密度、空隙率、沥青含量、沥青体积百分率、沥青饱和度、矿料间隙率等各项物理指标。

知识点

标准马歇尔试件圆柱体和大型马歇尔试件圆柱体。马歇尔试验是沥青混合料配合比设计及沥青路面施工质量控制最重要的试验项目。

任务四　沥青含量测定

一、试验目的

本方法采用离心分离法测定黏稠石油沥青拌制的混合料中沥青的含量（或油石比）。

二、仪器和试剂

离心抽提仪（图 3-25）、回收瓶、量筒（图 3-26）、电烘箱（图 3-27）、工业用三氯乙烯、碳酸铵饱和溶液、圆环形滤纸、压力过滤装置、小铲、金属盘、大烧杯等。

图 3-25　离心抽提仪

图 3-26　量筒

图 3-27　电烘箱

三、试验准备与步骤

1. 准备工作

在拌和厂或运料卡车上采取沥青混合料试样，放在金属盘中适当拌和，待温度稍下降至 100 ℃以下时，用大烧杯取混合料试样质量 1 000～1 500 g（粗粒式沥青混合料用高限，细粒式用低限，中粒式用中限），精确至 0.1 g。

如果试样是路上用钻机法或切割法取得的，则应用电风扇吹风使其完全干燥，置微波炉或烘箱中适当加热后成松散状态取样，但不得用锤击，以防集料破碎。

2. 试验步骤

（1）向装有试样的烧杯中注入三氯乙烯溶剂，将其浸没，浸泡 30 min，用玻璃棒适当搅动混合料，使沥青充分溶解（也可直接在离心分离器中浸泡）。

（2）将混合料及溶液倒入离心分离器，用少量溶剂将烧杯及玻璃棒上的黏附物全部洗入分离器中。

（3）称取洁净的圆环形滤纸质量，精确至 0.01 g。注意：滤纸不宜反复使用，有破损的不能使用，有石粉黏附时应用毛刷清除干净。

（4）将滤纸垫在分离器边缘上，加盖紧固，在分离器出口处放上回收瓶，上口应注意密封，防止流出液成雾状散失。

（5）开动离心机，转速逐渐增至 3 000 r/min，沥青溶液通过排出口注入回收瓶中，待流出停止后停机。

（6）从上盖的孔中加入新溶剂，数量大体相同，稍停 3～5 min 后，重复上述操作，如此数次，直至流出的抽提液成清澈的淡黄色为止。

（7）卸下上盖，取下圆环形滤纸，在通风橱或室内空气中蒸发干燥，然后放入 105 ℃±5 ℃的烘箱中干燥，称取质量，其增重部分（m_2）为矿粉的一部分。

（8）将容器中的集料仔细取出，在通风橱或室内空气中蒸发后放入 105 ℃±5 ℃烘箱中烘干（一般需 4 h），然后放入干燥器中冷却至室温，称取集料质量（m_1）。

（9）用压力过滤器过滤回收瓶中的沥青溶液，由滤纸的增重 m_2，得出泄漏入滤液中的矿粉，如无压力过滤器，则也可用燃烧法测定。

四、计算

（1）沥青混合料中矿料的总质量：

$$m_a = m_1 + m_2 + m_3 \tag{3-2}$$

式中：m_a——沥青混合料中矿料部分的总质量，g；

m_1——容器中留下的集料干燥质量，g；

m_2——圆环形滤纸在试验前后的增重，g；

m_3——泄漏入抽提液中的矿粉质量，g。

（2）沥青混合料中的沥青含量：

$$p_b = (m - m_a) / m \tag{3-3}$$

$$p_a = (m - m_a) / m_a \tag{3-4}$$

式中：m——沥青混合料的总质量，g；

m_a——沥青混合料中矿料的总质量，g；

p_a——沥青混合料的油石比，%；

P_b——沥青混合料的沥青含量，%。

> **小锦囊**
>
> 同一沥青混合料试件至少平行试验两次，取平均值作为试验结果。两次试验结果的差值应小于 0.3%。当大于 0.3% 但小于 0.5% 时，应补充平行试验一次，以三次结果的平均值作为试验结果，三次试验的最大值与最小值之差不得大于 0.5%。

> **知识点**
>
> 用于热拌热铺沥青混合料路面施工时的沥青用量检测，以评定拌和厂产品质量，也可用于旧路调查时检测沥青混合料的沥青用量。用此法抽提的沥青溶液可用于回收沥青，以评定沥青的老化性质。

任务五　沥青与矿料黏附性试验

一、试验目的

适用于检验沥青与粗集料表面的黏附性及评定粗集料的抗水剥离能力。

二、仪器

标准筛（图 3-28）、滤筛（图 3-29）、烧杯（图 3-30）、烘箱（图 3-31）、秒表（图 3-32）、

天平（图 3-33）、恒温水槽、拌和用小型容器、细线或铁丝网、铁支架、电炉、玻璃棒等。

图 3-28　标准筛

图 3-29　滤筛

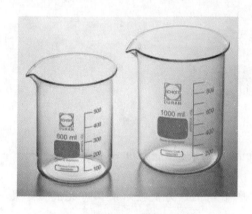

图 3-30　烧杯

图 3-31　烘箱

图 3-32　秒表

图 3-33　天平

三、试验准备与步骤（水煮法）

（1）将集料过 13.2 mm、19 mm 筛，取粒径 13.2～19 mm、形状接近立方体的规则集料 5 个，用洁净水洗净，置温度为 105 ℃±5 ℃的烘箱中烘干，然后放在干燥器中备用。

（2）大烧杯中盛水，并置于加热炉的石棉网上煮沸。

（3）将集料逐个用细线在中部系牢，再置于105 ℃±5 ℃烘箱内1 h。

（4）逐个用线提起加热的矿料颗粒，浸入预先加热的沥青（石油沥青130 ℃～150 ℃）中45 s，轻轻拿出，使集料颗粒完全被沥青膜所裹覆。

（5）将裹覆沥青的集料颗粒悬挂于试验架上，下面垫一张纸，使多余的沥青流掉，并在室温下冷却15 min。

（6）待集料颗粒冷却后，逐个用线提起，浸入盛有煮沸水的大烧杯中央，调整加热炉，使烧杯中的水保持微沸状态，但不允许有沸开的泡沫。

（7）浸入3 min后，将集料从水中取出，适当冷却；然后放入一个盛有常温水的纸杯等容器中，在水中观察矿料颗粒上沥青膜的剥落程度。

附：水浸法试验

（1）将集料过9.5 mm、13.2 mm筛，取粒径9.5～13.2 mm、形状规则的集料200 g，用洁净水洗净，并置105 ℃±5 ℃烘箱烘干，然后放在干燥器中备用。

（2）按规定准备沥青试样，加热至要求拌和温度。

（3）将煮沸过的热水注入恒温水槽中，并维持温度80 ℃±1 ℃。

（4）按四分法称取集料颗粒（9.5～13.2 mm）100 g置于搪瓷盘中，连同搪瓷盘一起放入已升温至沥青拌和温度以上5 ℃的烘箱中持续加热1 h。

（5）按每100 g集料加入沥青5.5 g±0.2 g的比例称取沥青，精确至0.1 g，放入小型拌和容器中，一起置入同一烘箱中加热15 min。

（6）将搪瓷盘中的集料倒入拌和容器的沥青中后，从烘箱中取出拌和容器，立即用金属铲均匀拌和1～1.5 min，使集料完全被沥青薄膜裹覆；然后，立即取20个裹有沥青的集料，用小铲移至玻璃板上摊开，并置室温下冷却1 h。

（7）将放有集料的玻璃板浸入温度为80 ℃±1 ℃的恒温水槽，保持30 min，并将剥离及浮于水面的沥青用纸片捞出。

（8）从水中小心取出玻璃板，浸入水槽内的冷水中，仔细观察裹覆集料的沥青薄膜的剥离情况。由两名以上经验丰富的实验人员分别目测，评定剥离面积的百分率，评定后取平均值。

（9）由剥离面积百分率评定沥青与集料黏附性的等级。

小锦囊

同一试样应平行试验5个集料颗粒，并由两名以上经验丰富的试验人员分别评定，取平均等级作为试验结果。

> **知识点**
>
> 　对于最大粒径大于 13.2 mm 的集料应用水煮法，对最大粒径小于或等于 13.2 mm 的集料应用水浸法进行试验。当同一种料源集料最大粒径既有大于 13.2 mm 的集料又有小于 13.2 mm 的集料时，取大于 13.2 mm 的集料，以水煮法试验为标准；对细粒式沥青混合料则应以水浸法试验为标准。

知识链接

一、沥青混合料的概念

　沥青混合料是经人工合理选择级配组成的矿质混合料和适量的沥青黏结料，经拌和所组成的一种优质的高级路面材料。将其摊铺后，经碾压成形，形成各种类型的沥青路面。

　沥青混合料包括沥青混凝土混合料和沥青碎石混合料。沥青混凝土混合料是由不同粒径的石料、砂、矿粉按最佳级配原则与适量的沥青材料拌和而成，即矿料＋沥青＋矿粉＝沥青混凝土。

　沥青混凝土对矿料的级配要求很严，空隙率小于 10%，矿质混合料中粗粒含量较少。沥青混凝土强度主要靠沥青本身的黏聚力及沥青与矿料之间的黏附力而形成，矿料的内摩阻力不如沥青碎石路面。

　沥青碎石混合料是由沥青和一定级配的矿料组成的混合料，即矿料＋沥青＝沥青碎石。

　沥青碎石混合料粗集料较多，空隙率大于 10%，渗水性较大，强度较沥青混凝土低，热稳定性较好，不易起波浪和发软。

二、沥青混合料的分类

1. 按沥青混合料的种类分

按沥青混合料的种类可分为石油沥青混合料和煤沥青混合料。

2. 按施工条件分

按施工条件可分为热拌热铺沥青混合料、热拌冷铺沥青混合料和冷拌冷铺沥青混合料。

3. 按沥青混合料的密实度分

按沥青混合料的密实度可分为密实型沥青混合料（残留空隙率为 3%，6%）和空隙型沥青混合料（残留空隙率为 6%，10%）。

4. 按矿料级配类型分

按矿料级配类型可分为连续级配沥青混合料和间断级配沥青混合料。

5. 按矿质集料最大粒径分

按矿质集料最大粒径分类如表 3-2 所示。

表 3-2　热拌沥青混合料种类

混合料类别	方孔筛系列		
	沥青混凝土	沥青碎石	最大集料粒径/mm
特粗式	—	AM—40	37.5
粗粒式	AC—30	AM—30	31.5
	AC—25	AM—25	26.5
中粒式	AC—20	AM—20	19.0
	AC—16	AM—16	16.0
细粒式	AC—13	AM—13	13.2
	AC—10	AM—10	9.5
砂粒式	AC—5	AM—5	4.75
抗滑表层	AK—13	—	13.2
	AK—16	—	16.0

三、沥青混合料的优缺点

采用沥青作胶结材料的沥青混合料已经成为高级路面结构的主要材料。沥青混合料之所以能发展成为高级路面的重要材料，是因为它具有表面平整无接缝，汽车行驶平稳、舒适，轮胎磨损低，噪声小，良好的抗滑性，经久耐用，施工操作方便，施工进展快，施工完后可以立即开放交通，排水良好，晴天无尘、雨天不泞，可分期改造等优点。沥青混合料路面也存在易老化、感温性大的缺点，有待进一步研究克服。

四、沥青混合料的技术性质

1. 高温稳定性

高温稳定性是沥青混合料在夏季高温条件及长期交通荷载的作用下，不产生车辙和波浪等的性能。目前，我国通常采用沥青混合料马歇尔试验的稳定度和流值作为评定高温稳定性的指标。

2. 低温抗裂性

低温抗裂性是指沥青混合料在低温条件下应具有一定的柔韧性，以保证在低温时不产生裂缝。

3. 耐久性

耐久性是指沥青路面受长期的荷载作用及自然因素的影响而不出现损坏的性能。

4. 抗滑性

随着现代高速公路的发展，对沥青混合料的抗滑性提出了更高的要求。影响沥青混合料抗滑性的主要因素有矿质集料的表面粗糙度、微表面性质、混合料的级配组成及沥青的用量。为了保证长期高速行驶的安全，配料时应特别注意粗集料的耐磨光性，即应选择硬质有棱角的集料。同时，应控制沥青用量，当沥青用量超过最佳用量的 0.5％时，混合料的抗滑性将明显降低。

5. 施工和易性

施工和易性是指沥青混合料在施工中容易拌和、摊铺和压实的性能。影响沥青混合料施工和易性的主要因素有当地气温、施工条件和混合料的性质等。

五、沥青混合料的配合比设计

在选定组成沥青混合料的原材料后，沥青混合料的技术性质在很大程度上取决于各组成材料之间的比例。沥青混合料由于组成材料的比例不同，可以形成不同的组成结构，如粗集料少时，可形成密实—悬浮结构；细集料少时，可形成骨架—空隙结构；中间颗粒集料少时，可形成间断级配的骨架—密实结构。在其他集料比例确定的情况下，混合料中矿粉的含量过低时，矿料与沥青相互作用的比表面积减少，也会导致强度与稳定性降低；反之，矿粉含量过多，会影响混合料的施工和易性，特别是降低高温稳定性。因此，正确设计沥青混合料的组成是保证沥青混合料技术质量的重要环节。

沥青混合料组成设计包括两大部分：

（1）确定粗、细集料及矿粉的配合比；

（2）确定沥青的最佳用量，即油石比。

1. 确定矿料的配合比例

沥青混合料中的矿质集料应满足规范中规定的级配范围要求。通常单一的集料是不能满足上述要求的，一般需要将若干种集料，如粗集料、细集料、矿粉等按一定的比例搭配，组合成一种新的矿质混合料（简称合成集料），才能符合上述级配范围的要求。如图 3-34 所示，现有 A、B、C 三种集料，其各自的级配均不符合规定，经计算后，分别取 x％的 A 集料、y％的 B 集料及 z％的 C 集料，其中 x％＋y％＋z％＝100％，使得组合而成的合成集料能够满足规定级配范围的要求。矿料的配合比设计就是确定各种集料配合比 x、y、z 的值。常用的计算方法有试算法和图解法。

图解法是用作图 3-34 的方法在图上定出各种集料的配合比例，具体步骤如下：

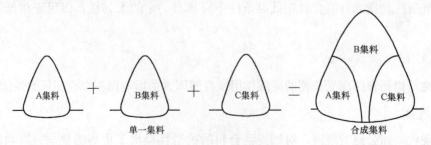

图 3-34 合成集料

据工程设计要求，按规定确定混合料的级配范围，并以级配范围各中值的连线作为标准级配曲线。把所有使用的各种集料分别做筛分试验，求出它们各自的级配参数。

在一个普通的方格纸上绘出一个矩形方框，如图 3-35 所示，连对角线 OO' 作为合成级配的中值。纵坐标按算数标尺，标出通过量百分率（0%～100%）。根据在级配范围中值要求的各筛孔通过量百分率 P_i 处横引一条直线，与对角线相交于 S 点，过 S 点作垂线与横坐标相交（i），其交点即各相应筛孔孔径（mm）的位置。

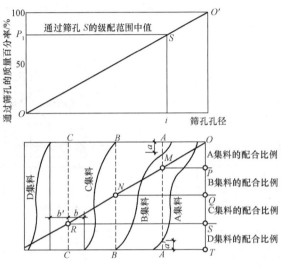

图 3-35　图解法确定矿料配合比

在确定了矩形方框的纵、横坐标以后，将各集料的筛分曲线绘制在图中，根据各相邻曲线的相互关系确定其各自的配合比例。各相邻曲线间的关系有以下几种情况：

第一种情况：两相邻曲线重叠。如图 3-35 所示中 A 集料与 B 集料首尾搭接，在搭接区域内画一垂线 AA，使得垂线 AA 与 A、B 两曲线的交点分别和上下边框的距离相等（$a＝a'$）。过 AA 线与对角的交点 M 横引一条直线和右纵轴交于 P 点，OP 即 A 集料的配合比例。

第二种情况：两相邻曲线分离，如 C 集料与 D 集料的首尾分离一段距离，则在分离区域内作一条垂直平行线 CC（使 $b＝b'$），交对角线于 R 点，过 R 横引一条直线得 S，QS 即 C 集料的配合比例。ST 为 D 集料的配合比。

根据各集料的配合比例，计算矿质混合料的合成级配，并与规定的级配范围对照，当不相符时应做适当调整，直至使合成级配均在规范规定的级配范围之内。

2. 确定沥青最佳用量

现行规范中规定，沥青最佳用量采用马歇尔试验确定（图 3-36）。首先将各种集料按图解法求出的配合比配制成混合集料，再根据推荐的沥青用量范围，以每增加 0.5% 的沥青用量为一组，按标准的成形方法制备一系列的马歇尔试件，分别测定其密度，计算空隙率、沥青饱和度等物理指标。在测定稳定度和流值后，按下述步骤确定沥青最佳用量：

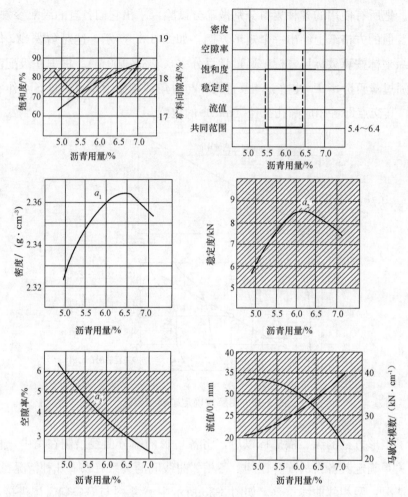

图 3-36　马歇尔试验结果示例

（1）以沥青用量为横坐标，以测定的各项指标为纵坐标，分别将试验结果画入图中，连成圆滑的曲线，并根据表规定的指标值分别绘在图中阴影线部分。

（2）取相应密度最大值的沥青用量 a_1、相应于稳定度最大值的沥青用量 a_2 及相应于规定空隙范围中值的沥青用量 a_3，按式（3-5）求取三者的平均值作为最佳沥青用量的初始值 OAC_1：

$$OAC_1 = (a_1 + a_2 + a_3)/3 \tag{3-5}$$

求出各项指标均符合沥青混合料技术标准的沥青用量范围 $OAC_{min} \sim OAC_{max}$，按式（3-6）求取中值 OAC_2：

$$OAC_2 = (OAC_{min} + OAC_{max})/2 \tag{3-6}$$

用最佳沥青用量初始 OAC_1 对照相应的各项指标值，当各项指标均符合表规定的马歇尔设计配合比技术标准时，由 OAC_1 及 OAC_2 综合决定最佳沥青用量 OAC。当不能符合规定时，应调整级配，重新进行配合比设计，直至各项指标均能符合要求为止。

用 OAC_1 及 OAC_2 综合决定最佳沥青用量 OAC 时，应根据实践经验和公路等级、气候条件按下列原则确定：

①对一般公路，取 OAC_1 及 OAC_2 的中值作为最佳沥青用量 OAC。

②对热区公路以及车辆渠化交通的高速公路、一级公路，预计有可能造成较大车辙的情况时，可在 OAC_2 与下限 OAC_{min} 范围内决定，但不宜小于 OAC_2 的 0.5%。

③对寒区公路以及其他等级公路，最佳沥青用量可在 OAC_2 与上限 OAC_{max} 范围内决定，但不宜大于 OAC_2 的 0.3%。

模块四　结构物工程材料

模块概述

　　现代建筑物中广泛使用钢筋混凝土材料和水泥砂浆等材料。钢筋混凝土是由钢筋和混凝土两种物理、力学性质不同的材料按一定的方式结合而成的一种共同受力体，被广泛用于板、梁、桥墩和桩等构件组成的建筑结构中。水泥砂浆是砌体工程的主要材料，砌体工程是利用砂浆将石料等砌筑成设计要求的构造物，如挡土墙、桥台、锥坡等。本模块重点介绍水泥与钢材的技术性质和技术标准及水泥混凝土与水泥砂浆的技术性质和配比设计等内容。

知识目标

◆掌握水泥的性质和技术指标；

◆掌握水泥砂浆的技术性质和配比设计方法；

◆掌握水泥混凝土的技术性质和配比设计方法；

◆掌握钢材的技术性质和技术指标。

技能目标

◆会进行水泥技术指标检测工作；

◆会进行水泥砂浆配合比计算及技术指标检测工作；

◆会进行普通混凝土配合比计算及技术指标检测工作；

◆会进行钢材技术指标检测工作。

项目一　水　泥

××大桥桩基础为钢筋混凝土结构，现质量监督部门对该工地现场所用原材料水泥质量提出疑问。作为施工方，为了验证该水泥质量合格，可以用于该工程，做了如下工作。

任务一　水泥标准稠度用水量测定

一、试验目的

为水泥的凝结时间和体积安定性的测定提供标准。

二、仪器

水泥净浆搅拌机（图 4-1）、标准法维卡仪（图 4-2）、代用法维卡仪、量水器和天平等。

图 4-1　水泥净浆搅拌机　　　　　　图 4-2　维卡仪

三、试样及用水

（1）水泥试样应充分拌匀，通过 0.9 mm 方孔筛并记录筛余物情况，但要防止过筛时混进其他水泥。

（2）试验用水必须是洁净的淡水，如有争议时可用蒸馏水。

四、实验室温度、相对湿度

实验室的温度为 20 ℃±2 ℃，相对湿度大于 50%。

五、试验步骤和方法

（一）标准稠度用水量测定（标准法）

1. 试验准备

（1）维卡仪的金属棒能够自由滑动。

（2）调整至试杆接触玻璃板时指针对准零点。

（3）水泥净浆搅拌机运行正常。

2. 水泥净浆拌制

用水泥净浆搅拌机搅拌，搅拌锅和搅拌叶片先用湿布擦过，将拌和水倒入搅拌锅中，然后在5～10 s内小心将称好的500 g水泥加入水中，防止水和水泥溅出；拌和时，先将锅放在搅拌机的锅座上，升至搅拌位置，启动搅拌机，低速搅拌120 s，停15 s，同时将叶片和锅壁上的水泥浆刮入锅中间，高速搅拌120 s后停机。

3. 标准稠度用水量测定步骤

（1）拌和结束后，立即将拌制好的水泥净浆装入已放在玻璃板上的试模中，用小刀插捣，轻轻振动数次，刮去多余的净浆。

（2）抹平后迅速将试模和底板移到维卡仪上，并将其中心定在试杆下，降低试杆直到与水泥净浆表面接触，拧紧螺丝1～2 s后，突然放松，使试杆垂直自由地沉入水泥净浆中。在试杆停止沉入或释放试杆30 s时记录试杆到底板的距离，升起试杆后，立即擦净。

（3）整个操作应在搅拌后1.5 min内完成。以试杆沉入净浆并距底板6 mm±1 mm的水泥净浆为标准稠度净浆。其拌和水量为该水泥的标准稠度用水量（P），按水泥质量的百分比计。

（4）当试杆距玻璃板小于5 mm时，应适当减水，重复水泥浆的拌制和上述过程；若距离大于7 mm，则应适当加水，并重复水泥浆的拌制和上述过程。

（二）标准稠度用水量测定（代用法）

（1）试验前须检查项目：仪器金属棒应能自由滑动；试锥降至锥模顶面位置时，指针应对准标尺零点；搅拌机运转应正常等。

（2）水泥净浆拌制同上。

（3）标准稠度用水量测定。

①拌和结束后，立即将拌好的净浆装入锥模内，用小刀插捣，振动数次后，刮去多余净浆，抹平后迅速放到试锥下面固定位置上。将试锥降至净浆表面处，拧紧螺丝1～2 s后，突然放松，让试锥垂直自由沉入净浆中，到试锥停止下沉或释放试锥30 s时记录试锥下沉深度。整个操作应在搅拌后1.5 min内完成。

②用调整水量法测定时，以试锥下沉深度28 mm±2 mm时的净浆为标准稠度净浆。其

拌和水量为该水泥的标准稠度用水量（P），按水泥质量的百分比计。如下沉深度超出范围，须另称试样，调整水量，重新试验，直至达到 28 mm±2 mm 时为止。

③用不变水量法测定时，根据测得的试锥下沉深度 S（mm），按式（4-1）计算得到标准稠度用水量 P（%）：

$$P=33.4-0.185S \qquad (4\text{-}1)$$

当试锥下沉深度小于 13 mm 时，应改用调整水量法测定。

小锦囊

标准稠度用水量的测定可用调整水量法和不变水量法两种方法中的任一种，如发生争议时，以调整水量法为准。采用调整水量法测定标准稠度用水量时，拌和水量应按经验确定加水量；采用不变水量法测定时，拌和水量为 142.5 mL，水量精确到 0.5 mL。

知识点

水泥的标准稠度用水量与水泥的凝结时间和体积安定性的测定结果有关，为测试这两项指标，必须用标准稠度的水泥净浆。国家标准规定，以标准维卡仪的试杆沉入净浆并距底板 6 mm±1 mm（标准法）或以水泥净浆稠度仪的试锥沉入深度为 28 mm±2 mm（代用法）时的净浆为"标准稠度"。达到标准稠度所需拌和水量称为标准稠度用水量。

水泥的标准稠度用水量受水泥的细度、水泥矿物组成等因素影响，水泥越细，标准稠度用水量越大。在矿物组成中，C_3A 需水量最大，C_3S 需水量最小。

任务二　水泥凝结时间、安定性测定

一、试验目的和适用范围

确定水泥技术性质，适用于各种水泥。

二、仪器设备

水泥净浆搅拌机、凝结时间测定仪（图 4-3）、雷氏夹膨胀仪（图 4-4）、沸煮箱（图 4-5）、天平、湿气养护箱（图 4-6）、雷氏夹膨胀值测定仪（图 4-7）、秒表、量水器等。

图 4-3　凝结时间测定仪

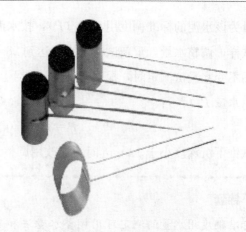

图 4-4　雷氏夹膨胀仪

图 4-5　沸煮箱

图 4-6　湿气养护箱

图 4-7　雷氏膨胀值测定仪

三、试样及用水

同标准稠度用水量测定。

四、实验室温度、相对湿度

实验室的温度为 20 ℃±2 ℃，相对湿度大于 50%。

五、水泥凝结时间测定试验步骤和方法

（1）测定前准备工作：调整凝结时间测定仪的试针接触玻璃板，使指针对准零点。

（2）试件的制备：以标准稠度用水量按上述方法制成标准稠度净浆（记录水泥全部加入水中的时间作为凝结时间的起始时间）一次装满试模，振动数次刮平，立即放入湿气养护箱中。

（3）初凝时间测定。

①记录水泥全部加入水中至初凝状态的时间作为初凝时间，用"min"计。

②试件在湿气养护箱中养护至加水后 30 min 时进行第一次测定。测定时，从湿气养护箱中取出试模放到试针下，降低试针与水泥净浆表面接触。拧紧螺丝 1～2 s 后，突然放松，使试杆垂直自由地沉入水泥净浆中。观察试针停止沉入或释放试针 30 s 时指针的读数。

③临近初凝时，每隔 5 min 测定一次。当试针沉至距底板 4 mm±1 mm 时，为水泥达到初凝状态。

④达到初凝时应立即重复测一次，当两次结论相同时才能定为达到初凝状态。

（4）终凝时间测定。

①由水泥全部加入水中至终凝状态的时间为水泥的终凝时间，用"min"计。

②为了准确观察试件沉入的状况，在终凝针上安装一个环形附件在水泥试验完成初凝时间测定后，立即将试模连同浆体以平移的方式从玻璃板下翻转 180°，直径大端向上、小端向下放在玻璃板上，再放入湿气养护箱中继续养护。

③临近终凝时间时每隔 15 min 测定一次，当试针沉入试件 0.5 mm 时，即环形附件开始不能在试件上留下痕迹时，为水泥达到终凝状态。

④达到终凝时应立即重复测一次，当两次结论相同时才能定为达到终凝状态。

小锦囊

测定时应注意，在最初测定的操作时应轻轻扶持金属柱，使其徐徐下降，以防止试针撞弯，但结果以自由下落为准，在整个测试过程中试针沉入的位置至少要距试模内壁 10 mm。每次测定不能让试针落入原针孔，每次测试完毕须将试针擦净并将试模放回湿气养护箱内，在测试过程中要防止试模振动。

注：使用能得出标准规定方法结果的自动测试仪器时，不必翻转试件。

知识点

水泥加水拌和成净浆后，会逐渐失去可塑性，此过程称为水泥的凝结。凝结分为初凝和终凝。从水泥加水到水泥浆开始失去塑性所需时间为初凝时间；从水泥加水到水泥浆完全失去塑性所需的时间为终凝时间。

水泥混凝土的拌和、运输、浇灌、振捣等一系列工艺均要在水泥的初凝之前完成，故水泥初凝不能过早。混凝土成形后，为了不拖延工期，要求尽快硬化，产生结构强度，以利于下一工序尽早进行，所以终凝时间不能太迟。影响凝结时间的因素有：石膏掺量、熟料的矿物组成、水泥细度、用水量、养护温度和湿度、外加剂、掺合料等。凝结时间的测定用凝结时间测定仪。

六、水泥体积安定性测定方法（标准法）

1. 雷氏夹试件的制备方法

将预先准备好的雷氏夹放在已擦油的玻璃板上，并立刻将已制好的标准稠度净浆装满雷氏夹。装浆时一只手轻轻扶持雷氏夹，另一只手用宽约 10 mm 的小刀插捣数次，然后抹平，盖上涂油的玻璃板，接着立刻将雷氏夹移至湿气养护箱内养护 24 h±2 h。

2. 沸煮

（1）调整好沸煮箱内的水位，使之在整个沸煮过程中都能没过试件，不需中途添补试验用水，同时保证在 30 min±5 min 内水能沸腾。

（2）脱去玻璃板取下试件，先测量雷氏夹指针尖端间的距离 A，精确到 0.5 mm，接着将试件放入水中算板上，指针朝上，试件之间互不交叉，然后在 30 min±5 min 内加热水至沸腾，并恒沸 3 h±5 min。

（3）结果判别。沸煮结束后，即放掉箱中的热水，打开箱盖，待箱体冷却至室温，取出试件进行判别。

小锦囊

测量雷氏夹指针尖端间的距离 C 精确至 0.5 mm，当两个试件煮后增加距离（$C-A$）的平均值不大于 5.0 mm 时，即认为该水泥安定性合格；当两个试件的（$C-A$）值相差超过 4.0 mm 时，应用同一样品立即重做一次试验。再如此，则认为该水泥为安定性不合格。

七、安定性测定（代用法）

1. 测定前的准备工作

每个样品需准备两块约 100 mm×100 mm 的玻璃板。凡与水泥净浆接触的玻璃板都稍涂上一层隔离剂。

2. 试饼的成型方法

将制好的净浆取出一部分，分成两等份，使之呈球形，放在预先准备好的玻璃板上，轻轻振动玻璃板并用湿布擦净的小刀由边缘向中央抹动，做成直径 70～80 mm、中心厚约 10 mm 而边缘渐薄、表面光滑的试饼，接着将试饼放入湿气养护箱内养护 24 h±2 h。

3. 沸煮

（1）调整好沸煮箱内的水位，使之在整个沸煮过程中都能没过试件，不需中途添补试验用水，同时保证水在 30 min±5 min 内能沸腾。

（2）脱去玻璃板取下试件，先检查试饼是否完整（如已开裂、翘曲，要检查原因，确定无外因时，该试饼已属不合格品，不必沸煮），在试饼无缺陷的情况下将试饼放在沸煮箱的水中算板上，然后在 30 min±5 min 内加热至水沸腾，并恒沸 3 h±5 min。

4. 结果判别

沸煮结束后，即放掉箱中的热水，打开箱盖，待箱体冷却至室温，取出试件进行判别。

目测试饼未发现裂缝，用钢直尺检查也没有弯曲（使钢直尺和试饼底部紧靠，以两者间不透光为不弯曲）的试饼为安定性合格；反之，为不合格。当两个试饼判别结果有矛盾时，该水泥的安定性为不合格。

知识点

水泥体积安定性反映水泥浆在凝结、硬化过程中，体积膨胀变形的稳定、均匀程度。各种水泥在凝结硬化过程中，都可能产生不同程度的体积变化。均匀轻微的变化，不影响混凝土的质量。若产生不均匀变形或变形太大，使构件产生膨胀裂缝，影响工程质量，则这种水泥称为体积不安定水泥。导致水泥体积安定性不合格的原因主要是水泥中含有过量的游离氧化钙、游离氧化镁或掺入的石膏过量，导致硬化后水泥体积不均匀膨胀。体积安定性的测定方法主要有雷氏夹法（标准法）和试饼法（代用法）。

任务三　水泥胶砂强度检测方法（ISO法）

一、试验目的和适用范围

水泥抗折和抗压强度试验，适用于各种水泥。

二、仪器设备

胶砂搅拌机（图4-8）、振动台（图4-9）、抗折试验机和抗折夹具（图4-10）、抗压试验机（图4-11）、抗压夹具（图4-12）、试模（图4-13）及下料漏斗、天平等。

图4-8　水泥胶砂搅拌机

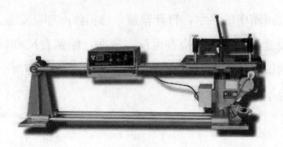

图4-9　振动台

图4-10　抗折试验机

图4-11　抗压试验机

图 4-12　抗压夹具

图 4-13　试模

三、材料

(1) 水泥试样从取样到试验要保持 24 h 以上时，应将其储存在基本装满和气密的容器中，这个容器不能和水泥反应。

(2) ISO 标准砂。各国生产的 ISO 标准砂都可以按本方法测定水泥强度。

(3) 试验用水为饮用水，仲裁试验时用蒸馏水。

四、温度与相对湿度

(1) 试件成型实验室应保持试验室温度为 20 ℃±2 ℃（包括强度试验室），相对湿度大于 50%。水泥试样、ISO 砂、拌和用水及试模等的温度应与室温相同。

(2) 养护箱或雾室温度 20 ℃±1 ℃，相对湿度大于 90%，养护水的温度 20 ℃±1 ℃。

五、试验步骤

1. 试验试件成型

(1) 成型前将试模擦净，四周的模板与底座的接触面上应涂黄油，紧密装配，防止漏浆，内壁均匀地刷一薄层机油。

(2) 水泥与 ISO 砂的质量比为 1∶3，水灰比为 0.5。

(3) 每成型三条试件需称量的材料及用量为：水泥 450 g±2 g；ISO 砂 1 350 g±5 g；水 225 mL±1 mL。

(4) 将水加入锅中，再加入水泥，把锅放在固定架上并上升至固定位置。然后，立即开动机器，低速搅拌 30 s 后，在第二个 30 s 开始的同时均匀将砂子加入。当砂是分级装时，应从最粗粒级开始，依次加入，再高速搅拌 30 s。停拌 90 s，在停拌中的第一个 15 s 内用胶皮刮具将叶片和锅壁上的胶砂刮入锅中。在高速下继续搅拌 60 s。各个阶段时间误差应在±1 s 内。

(5) 用振实台成型时，将空试模和模套固定在振实台上，用适当的勺子直接从搅拌锅中将胶砂分为两层装入试模。装第一层时，每个槽里约放 300 g 砂浆，用大播料器垂直架在模套顶部，沿每个模槽来回一次将料层播平，接着振实 60 次。再装入第二层胶砂，用小播料器播平，再振实 60 次。移走模套，从振实台上取下试模，并用刮尺以 90°的角度架在试模顶的一端，沿试模长度方向以横向锯割动作慢慢向另一端移动，一次将超出试模的胶砂刮去，并用同一直尺在近乎水平的情况下将试件表面抹平。

（6）在试模上作标记或加字条标明试件的编号和试件相对于振实台的位置。两个龄期以上的试件，编号时应将同一试模中的三条试件分在两个以上的龄期内。

（7）试验前或更换水泥品种时，须将搅拌锅、叶片和下料漏斗等擦干净。

2. 养护

（1）编号后，将试模放入养护箱养护，养护箱内箅板必须处于水平位置，且水平放置时刮平面应朝上。对于 24 h 龄期的，应在破型试验前 20 min 内脱模；对于 24 h 以上龄期的，应在成型后 20～24 h 内脱模。脱模时要非常小心，以防止试件损伤。硬化较慢的水泥允许延期脱模，但须记录脱模时间。

（2）试件脱模后即放入水槽中养护，试件之间的间隙和试件上表面的水深不得小于 5 mm。每个养护池中只能养护同类水泥试件，并应随时加水，保持恒定水位，不允许养护期间全部换水。

（3）除 24 h 龄期或延迟 48 h 脱模的试件外，任何到龄期的试件应在试验（破型）前 15 min 从水中取出。抹去试件表面沉淀物，并用湿布覆盖。

3. 强度试验

各龄期（试件龄期从水泥加水搅拌开始算起）的试件应在下列时间内进行强度试验：

（1）抗折强度试验。

①以中心加荷法测定抗折强度。

②采用杠杆式抗折试验机试验时，试件放入前应使杠杆呈水平状态，将试件成型，侧面朝上放入抗折试验机内。试件放入后调整夹具，使杠杆在试件折断时尽可能地接近水平位置。

③抗折试验加荷速度为 50 N/s±10 N/s，直至折断，并保持两个半截棱柱试件处于潮湿状态直至抗压试验。

④抗折强度按式（4-2）计算：

$$R_f = \frac{1.5F_f \cdot L}{b^3} \tag{4-2}$$

式中：R_f——抗折强度，MPa；

F_f——破坏荷载，N；

L——支撑圆柱中心距，mm；

b——试件断面正方形的边长，为 40 mm。

抗折强度计算值精确到 0.1 MPa。

（2）抗压强度试验。

抗折试验后的断块应立即进行抗压试验。抗压试验须用抗压夹具进行，试件受压面为试件成型时的两个侧面，面积为 40 mm×40 mm。试验前应清除试件受压面与加压板之间的砂粒或杂物。试件的底面靠紧夹具定位销，断块试件应对准抗压夹具中心，并使夹具对准压力机压板中心，半截棱柱体中心与压力机压板中心差应在±0.5 mm 内，棱柱体露在压板外的部分约为 10 mm。

压力机加荷速度应控制在 2 400 N/s±200 N/s 速率范围内，在接近破坏时更应严格掌握。

抗压强度按式（4-3）计算：

$$R_c = \frac{F_c}{A} \tag{4-3}$$

式中：R_c——抗压强度，MPa；

F_c——破坏荷载，N；

A——受压面积，40 mm×40 mm=1 600 mm^2。

抗压强度计算值精确到 0.1 MPa。

小锦囊

（1）抗折强度结果取三个试件平均值，精确至 0.1 MPa。当三个强度值中有超过平均值±10%的，应剔除后再平均，以平均值作为抗折强度试验结果。

（2）抗压强度结果为一组 6 个断块试件抗压强度的算术平均值，精确至 0.1 MPa。如果 6 个强度值中有一个值超过平均值±10%的，应剔除后以剩下的 5 个值的算术平均值作为最后结果。如果 5 个值中再有超过平均值±10%的，则此组试件无效。

知识点

强度是确定水泥强度等级的指标，也是选用水泥的主要依据。强度高、承受荷载的能力强，水泥的胶结能力也大。

我国标准规定用《水泥胶砂强度检验法（ISO 法）》测水泥的强度。该法以 1：3 的水泥和标准砂（中国 ISO 标准砂），加入规定的用水量，制成 40 mm×40 mm×160 mm 的标准试件，在标准养护条件下，养生到规定的龄期（3 d 和 28 d）测定其抗折强度，再将断块测定抗压强度，根据 28 d 抗压强度确定水泥强度等级。同时，3 d 及 28 d 的抗压强度和抗折强度不得低于规范规定的强度指标。硅酸盐水泥的强度等级有 42.5、42.5R、52.5、52.5R、62.5、62.5R 共六个强度等级（R 为早强型）。普通硅酸盐水泥的强度等级分为 42.5、42.5R、52.5、52.5R 四个等级。

水泥是建筑工程中用量最大的建材之一，它是一种水硬性胶凝材料。

在道路和桥梁工程中通常用水泥有硅酸盐水泥、普通硅酸盐水泥、矿渣硅酸盐水泥、火山灰硅酸盐水泥、粉煤灰硅酸盐水泥和复合硅酸盐水泥六种。

一、硅酸盐水泥

1. 定义

凡以适当成分的生料烧至部分熔融，得以硅酸钙为主要成分的硅酸盐水泥熟料，加入适量石膏磨细制成的水硬性胶凝材料，称为硅酸盐水泥（即国外通称的波特兰水泥）。硅酸盐水泥分两种类型，不掺加混合材料的称为Ⅰ型硅酸盐水泥，代号 P. Ⅰ。在硅酸盐水泥粉磨时掺加不超过水泥质量 5% 的石灰石或粒化高炉矿渣混合材料的称为Ⅱ型硅酸盐水泥，代号 P. Ⅱ。

2. 制造过程

水泥生产过程一般分为三步：生料制备—煅烧—熟料磨细。

3. 硅酸盐水泥的主要矿物成分

硅酸盐水泥的主要矿物成分包括硅酸三钙（C_3S）、硅酸二钙（C_2S）、铝酸三钙（C_3A）、铁铝酸四钙（C_4AF）。

二、硅酸盐水泥的凝结与硬化

水泥加入适量水调成水泥浆后，经过一定时间，由于本身的物理、化学变化，会逐渐变稠，失去塑性，但尚不具有强度的过程，称为水泥的凝结。随着时间的增长，其强度继续提高，并逐渐变成坚硬如石的物质——水泥石，这一过程称为水泥的硬化。

影响水泥凝结硬化的因素有以下几个方面：

（1）水泥的矿物组成：铝酸三钙（C_3A）和硅酸三钙（C_3S）含量大的水泥凝结硬化快。

（2）水泥细度：水泥颗粒越细，其总表面积越大，与水接触的面积也大，水化速度既快又充分，凝结硬化也快，早期强度高。

（3）温度和湿度：在温度高、湿度大的条件下，水泥凝结硬化快，相反则凝结硬化慢。硅酸盐水泥在 70 ℃～80 ℃的湿热条件下，24 h 就能达到正常养护条件下 28 d 强度的 60% 左右。若水泥在完全干燥的情况下，水泥水化无法进行，则硬化停止，强度不再增长；当温度低于 0 ℃时，硬化停止。因此，冬期施工时，需要采取保温措施，以保证凝结硬化的正常进行。

（4）用水量：加水量少，水泥颗粒不能完全水化；加水量过多，水泥不能马上吸收，反而使胶体变稀，待多余水分蒸发后，才开始凝结硬化，延缓了凝结硬化的时间。

（5）龄期：水泥强度是随硬化龄期增长的，早期增长很快，以后逐渐减缓。一般开始3～7 d强度发展快，四周以后显著减慢。因此，水泥标准中以3 d及28 d为测定水泥强度的标准龄期。

（6）石膏：在水泥磨细过程中掺入适量的石膏，能够调节其凝结硬化速度。若不掺入少量石膏，水泥可在几分钟内迅速凝结；若石膏用量过多，过量的石膏在水泥硬化后还会与固态的水化铝酸钙反应生成水化硫铝酸钙，体积增大1.5倍，引起水泥石开裂。

此外，在水泥中掺入各种外加剂，如促凝剂、缓凝剂等也会改变水泥的凝结硬化速度。水泥与水拌和后，熟料矿物发生水化反应，生成各种水化生成物，水泥浆具有可塑性，随着时间的推移，水泥浆逐渐失去塑性，形成坚硬的水泥石，这个转变过程称为水泥浆的凝结硬化过程。

三、硅酸盐水泥的技术性质和技术标准

按照我国现行标准规定，硅酸盐水泥的技术性质包括下列项目：

1. 化学性质

水泥的化学性质指标主要是控制水泥中有害的化学成分含量，若超过最大允许限量，即意味着对水泥性能和质量可能产生有害或潜在的影响。

（1）氧化镁含量。

氧化镁，其水化为氢氧化镁的速度很慢，常在水泥硬化以后才开始水化，产生体积膨胀，可导致水泥石结构产生裂缝甚至破坏。因此，它是引起水泥安定性不良的原因之一。

（2）三氧化硫含量。

水泥中的三氧化硫主要是在生产时为调节凝结时间加入石膏而产生的，石膏超过一定限量后，水泥性能会变坏，甚至引起硬化后水泥石体积膨胀，导致结构物破坏。

（3）烧失量。

水泥煅烧不佳或受潮后，均会导致烧失量增加。烧失量的测定是以水泥试样在950 ℃～1 000 ℃下灼烧15～20 min冷却至室温称量，如此反复灼烧，直至恒重，计算灼烧后质量损失率。

（4）不溶物。

水泥中不溶物的测定是用盐酸溶解滤去不溶残渣，经碳酸钠处理再用盐酸中和，高温灼烧至恒重后称量，灼烧后不溶物质量占试样总质量的比例为不溶物含量。

2. 物理性质

（1）相对密度。

硅酸盐水泥相对密度取决于矿物成分，此外，水泥存储时间及熟料的燃烧程度对相对密度也有影响，硅酸盐水泥的相对密度一般介于3.10～3.20 g/cm³，掺入混合材料后，相

对密度会下降。

（2）细度。

水泥的细度即水泥颗粒的粗细程度。水泥颗粒越细，水化时与水的接触面积越大，水化速度越快，早期强度也越高，但磨得过细，标准稠度需水量大，硬化后收缩变形大，不宜长期储存。

（3）标准稠度用水量。

水泥的标准稠度用水量受水泥的细度、水泥矿物组成等因素影响，水泥越细，标准稠度用水量越大。矿物组成中，C_3A需水量最大，C_3S需水量最小。

（4）凝结时间。

影响凝结时间的因素有：石膏掺量、熟料的矿物组成、水泥细度、用水量、养护温度和湿度、外加剂、掺合料等。

（5）体积安定性。

水泥的体积安定性反映水泥浆在凝结、硬化过程中体积膨胀变形的稳定、均匀程度。各种水泥在凝结硬化过程中，都可能产生不同程度的体积变化。均匀轻微的变化，不影响混凝土的质量。若产生不均匀变形或变形太大，使构件产生膨胀裂缝，影响工程质量，这种水泥称为体积不安定水泥。

（6）强度与强度等级。

强度是确定水泥强度等级的指标，也是选用水泥的主要依据。强度高、承受荷载的能力强，水泥的胶结能力也大。水泥强度等级如表 4-1 所示。

表 4-1　硅酸盐水泥、普通水泥强度等级

品　种	强度等级	抗压强度/MPa		抗折强度/MPa	
		3 d	28 d	3 d	28 d
硅酸盐水泥	42.5	17.0	42.5	3.5	6.5
	42.5R	22.0	42.5	4.0	6.5
	52.5	23.0	52.5	4.0	7.0
	52.5R	27.0	52.5	5.0	7.0
	62.5	28.0	62.5	5.0	8.0
	62.5R	32.0	62.5	5.5	8.0
普通水泥	42.5	17.0	42.5	3.5	6.5
	42.5R	22.0	42.5	4.0	6.5
	52.5	23.0	52.5	4.0	7.0
	52.5R	27.0	52.5	5.0	7.0

四、掺有混合材料的硅酸盐水泥

为了改善硅酸盐水泥的某些性能，增加水泥品种，同时达到增加产量和降低成本的目

的，在硅酸盐水泥熟料中掺入适量的混合材料，与石膏共同磨细制成的不同品种的硅酸盐水泥，称为掺混合材料的硅酸盐水泥。

1. 混合材料

在生产水泥时，为改善水泥性能、调节水泥强度等级、节约能耗、降低成本，常掺入适量的矿质材料，称为水泥混合材料。按其在水泥中的作用，可分为活性和填充性两类。

（1）活性混合材料：它是一种矿物材料，磨细成粉并与石膏拌和均匀，加水后能生成具有胶凝性的水化物，并能在水中硬化，这类材料称为活性材料，如粒化高炉矿渣、火山灰、粉煤灰等。

（2）填充性材料：其与水泥不产生化学反应，仅起提高产量、降低强度等级、降低水化热和改善新拌混凝土和易性等作用，如石英砂、石灰石、黏土等。

2. 掺有混合材料的硅酸盐水泥

（1）普通硅酸盐水泥。

凡由硅酸盐水泥熟料、6%～15%混合材料、适量石膏磨细制成的水硬性胶凝材料，称为普通硅酸盐水泥，简称普通水泥，代号为 P.O。普通水泥由于掺加混合材料的数量少，技术性质与硅酸盐水泥相近。

（2）矿渣硅酸盐水泥。

凡由硅酸盐水泥熟料、粒化高炉矿渣和适量石膏磨细制成的水硬性胶凝材料，称为矿渣硅酸盐水泥，简称矿渣水泥，代号为 P.S。

（3）火山灰质硅酸盐水泥。

凡由硅酸盐水泥熟料、火山灰质混合材料和适量石膏磨细制成的水硬性胶凝材料，称为火山灰质硅酸盐水泥，简称火山灰水泥，代号为 P.P。

（4）粉煤灰硅酸盐水泥。

凡由硅酸盐水泥熟料、粉煤灰和石膏磨细制成的水硬性胶凝材料，称为粉煤灰硅酸盐水泥，简称粉煤灰水泥，代号为 P.F。

（5）复合硅酸盐水泥。

凡由硅酸盐水泥熟料、两种或两种以上规定的混合材料、适量石膏磨细制成的水硬性胶凝材料，称为复合硅酸盐水泥（简称复合水泥），代号为 P.C。水泥中混合材料总掺和量按质量百分比计应大于 15%，但不超过 50%。

水泥中允许用不超过 8% 的窑灰代替部分混合材料，掺矿渣时混合材料掺量不得与矿渣硅酸盐水泥重复。

3. 其他品种水泥

（1）道路硅酸盐水泥。

以适当成分生料烧至部分熔融，得到以硅酸钙为主要成分和较多量的铁铝酸钙的硅酸盐水泥熟料,加 0~10％活性混合材料和适量石膏磨细制成的水硬性胶凝材料称为道路硅酸盐水泥(简称道路水泥)。道路水泥强度高,特别是具有较高的抗折强度,耐磨性好,干缩性小,抗冲击性好,抗冻性和抗硫酸盐腐蚀性较好。适用于道路路面、机场跑道、城市广场等工程,可减少水泥混凝土路面的裂缝和磨耗等病害,减少维修,延长路面使用年限,因而可获得显著的社会效益和经济效益。

(2) 快硬硅酸盐水泥。

凡由硅酸盐水泥熟料和适量石膏磨细制成的,以 3 d 抗压强度表示强度等级的水硬性胶凝材料称为快硬硅酸盐水泥(简称快硬水泥)。快硬水泥有 32.5、37.5 和 42.5 三个强度等级。快硬水泥硬化速度快,早期强度高,故适用于配制早强、高强度等级混凝土,以及用于紧急抢修工程、低温施工工程和高强度预应力钢筋混凝土或混凝土预制构件等,不宜用于大体积工程。缺点是干缩变形大,容易吸湿降低强度,储存期超过一个月须重新检验。

(3) 抗硫酸盐硅酸盐水泥。

以适当成分的生料,烧至部分熔融,得到以硅酸钙为主的特定矿物组成的熟料,加入适量石膏磨细制成的具有一定抗硫酸盐侵蚀性能的水硬性胶凝材料称为抗硫酸盐硅酸盐水泥(简称抗硫酸盐水泥)。抗硫酸盐水泥有 32.5、42.5 和 52.5 三个强度等级。抗硫酸盐水泥除具有抗硫酸盐侵蚀的能力外,水化热也低,适用于一般受硫酸盐侵蚀的海港、水利、地下、隧道、引水、道路和桥涵基础工程。

(4) 中热硅酸盐水泥和低热矿渣硅酸盐水泥(大坝水泥)。

以适当成分的硅酸盐水泥熟料,加入适量石膏,磨细制成的具有中等水化热的水硬性胶凝材料称为中热硅酸盐水泥(简称中热水泥)。以适当成分的硅酸盐水泥熟料,加入矿渣和适量石膏磨细制成的具有低水化热的水硬性胶凝材料,称为低热矿渣硅酸盐水泥(简称低热矿渣水泥)。中热水泥和低热矿渣水泥主要适用于水化热较低的大坝及大体积混凝土工程。

五、水泥石的腐蚀与防止水泥腐蚀的措施

1. 水泥石的腐蚀

水泥混凝土结构物(如桥梁和道路)除遭受自然界的风化及机械力的破损外,在使用过程中还受到环境水对水泥石内部水化物产生的物理和化学作用。硅酸盐水泥在硬化后形成水泥石,在正常环境条件下可长期保持其良好的性能,并将继续硬化,强度不断增加,由于受环境中腐蚀性液体或气体的作用,其强度降低,甚至导致整个结构物破坏的现象,称为水泥石的腐蚀。常见水泥石腐蚀的类型如下:

(1) 淡水腐蚀。

(2) 酸性腐蚀。

(3) 硫酸盐腐蚀。

2. 防止水泥石腐蚀的措施

为了有效地防止水泥石的腐蚀，保证混凝土的耐久性，一般可采取如下措施：

（1）根据建筑物所处环境的特点，合理选用水泥品种。

（2）提高水泥石的密度，减少水的渗透作用。

（3）加做保护层。

六、水泥的储运

水泥是一种水硬性胶凝材料，容易与水作用结成硬块，降低使用品质，所以在水泥的应用、存储、运输过程中应特别加以注意。

（1）防止受潮。存放水泥的仓库应保持干燥，垫板要高出地面 30 cm，以免水泥受潮。运输时最好用棚车或专用车，以防路上遇雨淋湿。

（2）进场的水泥应按生产厂、品种、强度等级、批号分别存放，做好标记，严禁混杂。施工中不应将品种不同的水泥随意换用或混合使用。

（3）水泥存放时间不宜过长，否则会自行水化，降低强度或结成硬块。一般情况下，三个月后强度会降低 $10\% \sim 20\%$，时间越长，强度下降越多。超过有效期的水泥应视为过期水泥，使用前必须经过试验，重新鉴定其强度等级，合格后才能使用。受潮水泥的鉴别、处理和使用如表 4-2 所示。

表 4-2 受潮水泥的鉴别、处理和使用

受潮情况	处理方法	使　　用
有粉块，用手可捏成粉末	将粉末块压碎	经试验后，根据实际强度使用
部分结成硬块	将硬块筛除，粉块压碎	经试验后，根据实际强度使用： ①用于受力小的部位； ②对强度要求不高的工程中，可用于配制砂浆
大部分结成硬块	将硬块粉碎磨细	不能作为水泥使用，可掺入新水泥中作为混合材料使用（掺量应小于 25%）

项目二　砂　浆

××二级傍山公路有多处挡土墙工程，该项工程为浆砌片石结构。在施工过程中，工地试验室进行了如下工作，验证砂浆质量符合设计要求。

任务一　水泥砂浆稠度测定

一、试验目的和适用范围

适用于确定配合比或施工过程中控制砂浆的稠度，以达到控制用水量为目的。

二、仪器设备

砂浆稠度仪（图 4-14）、钢质捣棒、秒表等。

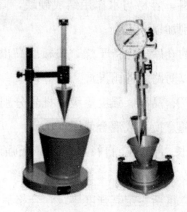

图 4-14　砂浆稠度仪

三、试验步骤

（1）用少量润滑油轻擦滑杆，再将滑杆上多余的油用吸油纸擦净，使滑杆能自由滑动。

（2）用湿布擦净盛浆容器和试锥表面，将砂浆拌和物一次装入容器，使砂浆表面低于容器口约 10 mm。用捣棒自容器中心向边缘均匀地插捣 25 次，然后轻轻地将容器摇动或敲击 5～6 下，使砂浆表面平整，然后将容器置于稠度测定仪的底座上。

（3）拧松制动螺丝，向下移动滑杆，当试锥尖端与砂浆表面刚接触时，拧紧制动螺丝，使齿条侧杆下端刚接触滑杆上端，读出刻度盘上的读数（精确至 1 mm）。

（4）拧松制动螺丝，同时计时，10 s 时立即拧紧螺丝，将齿条测杆下端接触滑杆上端，从刻度盘上读出下沉深度（精确至 1 mm），二次读数的差值即砂浆的稠度值。

（5）盛装容器内的砂浆，只允许测定一次稠度，重复测定时，应重新取样测定。

小锦囊

（1）取两次试验结果的算术平均值，计算值精确至 1 mm；

（2）若两次试验值之差大于 10 mm，则应另取砂浆搅拌后重新测定。

知识点

砂浆的流动性是指在自重和外力作用下流动的性能。流动性用砂浆稠度仪来测定，并用稠度表示。稠度值越大，砂浆流动性越大，越容易流动。

砂浆的流动性大小主要取决于用水量以及胶结材料的种类和用量、细集料的种类、颗粒形状及级配、搅拌时间等。选用砂浆的稠度时，应根据砌体材料的种类、施工条件、气候条件等因素来决定。按照公路与桥梁施工技术规范的规定，砂浆流动性宜采用 4~7 cm；一般在炎热干燥环境中的石砌体，其流动性可采用 5~7 cm；寒冷潮湿环境中，可采用 4~5 cm。

任务二　砂浆分层度测定

一、试验目的和适用范围

适用于测定砂浆拌和物在运输及停放时内部组分的稳定性。

二、仪器设备

砂浆分层度筒（图 4-15）、振动台、稠度仪、木槌等。

三、试验步骤

（1）首先将砂浆拌和物进行稠度测定。

（2）将砂浆拌和物一次装入分层度筒内，待装满后，用木槌在容器周围距离大致相等的四个不同部位轻轻敲击 1~2 下，如砂浆沉落到低于筒口，则应随时添加，然后刮去多余的砂浆并用抹刀抹平。

（3）静置 30 min 后，去掉上节 200 mm 砂浆，剩余的 100 mm 砂浆倒出放在拌和锅内拌 2 min，再进行稠度测定。前后测得的稠度之差即该砂浆的分层度值（mm）。

图 4-15　砂浆分层度筒

快速法测定分层度，步骤如下：

①将砂浆拌和物进行测定稠度测定。

②将分层度筒预先固定在振动台上，砂浆一次装入分层度筒内，振动 20 s。

③去掉上节 200 mm 砂浆，剩余 100 mm 砂浆倒出放在拌和锅内拌 2 min，再进行稠度测定，前后测得的稠度之差即该砂浆的分层度值。如有争议，则以标准法为准。

小锦囊

（1）应取两次试验结果的算术平均值作为该砂浆的分层度值，精确至 1 mm；

（2）两次分层度试验值之差如大于 10 mm，则应重新取样测定。

知识点

保水性是指新拌砂浆在运输与施工过程中保持水分不流失和各组成材料不离析的能力。保水性优良的砂浆不仅在使用过程中不易产生离析现象，而且在铺筑后仍能保持必要的水分，以保证胶凝材料在硬化过程中所需的水分。影响保水性的主要因素是胶结材料的种类、用量和用水量，以及砂的品种、细度和用量等。砂浆的保水性可用"分层度"表示。保水性好的砂浆，其分层度应为 1~2 cm。分层度大于 2 cm 时，砂浆的保水性差，易于离析；小于 1 cm 的砂浆过于黏稠，不便于施工。掺有石灰膏和黏土的混合砂浆具有较好的保水性。

任务三　立方体抗压强度测定

一、试验目的和适用范围

确定砂浆的强度等级，作为评定砂浆品质的主要指标，适用于测定各类水泥砂浆的 70.7 mm×70.7 mm×70.7 mm 的正方体试件。

二、仪器设备

振动台（图 4-16）、捣棒、压力试验机（图 4-16）、垫板、试模（图 4-17）等。

图 4-16　振动台

图 4-17　试模

三、试件制备及养护

（1）采用立方体试件，每组 3 个试件。

（2）应用黄油等密封材料涂抹试模的外接缝，试模内涂刷一层薄的机油或脱模剂，将拌制好的砂浆一次性装满砂浆试模，成型方法根据稠度而定。当稠度≥50 mm 时采用人工振捣成型，当稠度＜50 mm 时采用振动台振实成型。

①人工振捣：用捣棒均匀地由边缘向中心按螺旋方式插捣 25 次，在插捣过程中如砂浆沉落低于试模口，则应随时添加砂浆，可用油灰刀插捣数次，并用手将试模一边抬高 5～10 mm各振动 5 次，使砂浆高出试模顶面 6～8 mm。

②机械振动：将砂浆一次装满试模，放置到振动台上，振动时试模不得跳动，振动 5～10 s 或持续到表面出浆为止，不得过振。

（3）待表面水分稍干后，将高出试模部分的砂浆沿试模顶面刮去并抹平。

（4）试件制作后应在室温为（20±5）℃的环境下静置（24±2）h，当气温较低时，可适当延长时间，但不应超过两个昼夜，然后对试件进行编号、拆模。试件拆模后应立即放入温度为（20±2）℃、相对湿度为 90％以上的标准养护室中养护。养护期间，试件彼此间隔不小于 10 mm，混合砂浆试件上面应进行覆盖，以防有水滴在试件上。

四、试验步骤

（1）试件从养护地点取出后应及时进行试验。试验前应将试件表面擦拭干净，测量尺寸，检查其外观，并据此计算试件的承压面积，如实测尺寸与公称尺寸之差应不超过 1 mm，可按公称尺寸进行计算。

（2）将试件安放在试验机的下压板（或下垫板）上，试件的承压面应与成型时的顶面垂直，试件中心应与试验机下压板（或下垫板）中心对准。开动试验机，当上压板与试件（或上垫板）接近时，调整球座，使接触面均衡受压。承压试验应连续而均匀地加荷，加荷速度应为 0.25～1.5 kN/s（砂浆强度不大于 5 MPa 时，宜取下限，砂浆强度大于 5 MPa时，宜取上限），当试件接近破坏而开始迅速变形时，停止调整试验机油门，直至试件破坏，然后记录破坏荷载。

（3）砂浆立方体抗压强度应按式（4-4）计算：

$$f_{m,cu} = K\frac{F_u}{A}$$ (4-4)

式中：$f_{m,cu}$——砂浆立方体试件抗压强度，MPa；

F_u——试件破坏荷载，N；

A——试件承压面积，mm^2，砂浆立方体试件抗压强度应精确至 0.1 MPa；

K——换算系数，取 1.35。

小锦囊

（1）以三个试件测值的算术平均值作为该组砂浆立方体试件抗压强度平均值（精确至 0.1 MPa）。

（2）若三个测值的最大值或最小值中有一个与中间值的差值超过中间值的 15%，则把最大值及最小值一并舍去，取中间值作为该组试件的抗压强度值；如有两个测值与中间值的差值均超过中间值的 15%，则该组试件的试验结果无效。

知识点

砂浆硬化后应具有足够的强度。砂浆在圬工砌体中，主要是传递压力，所以要求砌筑砂浆应具有一定的抗压强度。砂浆抗压强度是确定其强度等级的重要依据。砂浆抗压强度等级是以 70.7 mm×70.7 mm×70.7 mm 的正方体试件，在标准条件下，按养护 28 d 龄期的平均极限抗压强度而确定的。我国现行标准规定，砂浆分为 M30、M25、M20、M15、M10、M7.5 和 M5 等强度等级。

知识链接

砂浆是由胶结料、细集料、掺合料和水配制而成的建筑工程材料，在工程中起粘结、衬垫和传递应力的作用。常用的胶结材料为水泥、石灰等，细集料则多采用天然砂。在道路和桥隧工程中，砂浆主要用于砌筑挡土墙、桥涵或隧道等圬工砌体。

砌筑砂浆是将砖、石或砌块等粘结成为整体的砂浆，它又分为水泥砂浆和水泥混合砂浆，水泥混合砂浆是由水泥、细集料、掺合料和水配制而成的砂浆。

一、水泥砂浆对材料的技术要求

1. 水泥

砌筑砂浆用水泥的强度等级应根据设计要求进行选择。水泥砂浆采用的水泥，其强度等级不宜大于 32.5 级；水泥混合砂浆采用的水泥，其强度等级不宜大于 42.5 级。

2. 其他胶结材料及掺合料

为提高砂浆的和易性，除水泥外，还掺加各种掺合料（如石灰膏、黏土和粉煤灰等）作为结合料。粉煤灰的品质指标和磨细生石灰的品质指标应符合国家标准的要求。

3. 砂

砌筑砂浆用砂宜选用中砂，其中毛石砌体宜选用粗砂。砂的含泥量不应超过 5%，强度等级为 M2.5 的水泥混合砂浆，砂的含泥量不应超过 10%。

4. 水

配制砂浆用水应符合现行规定。

二、水泥砂浆的技术性质

新拌砂浆应保证有较好的和易性，硬化后有足够的强度。

1. 砂浆的和易性

对新拌砂浆的主要要求是和易性。和易性好的砂浆，容易在砖石表面铺展成均匀的薄层，并使砌体之间紧密粘结。这不仅能保证工程质量，而且还可以提高施工效率。砂浆的和易性包括流动性和保水性两个方面。

（1）流动性是指新拌砂浆在自重或外力作用下，易于产生流动的性质。砂浆的流动性采用稠度仪测定。稠度值越大，表明砂浆的流动性越好。

（2）保水性是指新拌砂浆在运输和施工过程中保持水分不流失和各组成材料不离析的能力。保水性优良的砂浆不仅在使用过程中不易产生离析现象，而且在铺筑后仍能保持必要的水分，以保证胶凝材料在硬化过程中所需的水分。

2. 硬化后砂浆的性质

建筑砂浆在砌体中要传递荷载，并要经受周围环境介质的作用，因此砂浆应具有一定的粘结强度、抗压强度和耐久性。试验证明，砂浆的粘结强度、耐久性均随着抗压强度的增大而提高，即它们之间有一定的相关性。抗压强度的试验方法较成熟，测试简单准确，所以工程中常以抗压强度作为砂浆的主要技术指标。

（1）抗压强度。

砂浆硬化后应具有足够的强度。砂浆在圬工砌体中，主要是传递压力，所以要求砌筑砂浆应具有一定的抗压强度。砂浆抗压强度是确定其强度等级的重要依据。

砂浆抗压强度等级是以 70.7 mm×70.7 mm×70.7 mm 的正方体试件，在标准条件（温度 20 ℃±3 ℃，相对湿度对水泥混合砂浆为 60%～80%，对水泥砂浆为 90% 以上）下，养护 28 d 龄期的平均极限抗压强度而确定的。

在桥涵工程中砂浆按结构物类型要求的最低强度如表 4-3 所示。

表 4-3　桥涵圬工砌体用砂浆强度等级

结构物类型		砂浆强度等级	
		砌筑用	勾缝用
拱圈	大中跨径及轻台拱桥	M7.5	≥M7.5
	小跨径桥涵	M5.0	
大中跨径桥墩台及基础	圬工面层	M5.0	≥M7.5
	圬工里层	M2.5	
小桥墩台及基础挡土墙	轻型桥台及轻台拱桥	M5.0	≥M5.0
	其余	M2.5	

（2）粘结力。

砂浆应具有较强的粘结力，以便将砌体材料牢固粘结成一个整体。砂浆的粘结力与其强度密切相关，通常砂浆强度越高，则粘结力越大。此外，砖石表面状态、清洁程度、湿润情况及施工养护条件也对粘结力有一定的影响。

（3）耐久性。

圬工砂浆经常受环境水的作用，故除强度外，还应考虑抗渗、抗冻、抗侵蚀等性能。提高砂浆的耐久性，主要是提高其密实度。

三、砌筑砂浆配合比的确定与要求

（一）现场配制砌筑砂浆的试配要求

1. 现场配制水泥混合砂浆的试配

（1）配合比应按下列步骤进行计算：

①计算砂浆试配强度（$f_{m,0}$）；

②计算每立方米砂浆中的水泥用量（Q_c）；

③计算每立方米砂浆中石灰膏用量（Q_D）；

④确定每立方米砂浆砂用量（Q）；

⑤按砂浆稠度选每立方米砂浆用水量（Q_w）。

（2）砂浆的试配强度应按式（4-5）计算：

$$f_{m,0}=kf_2 \tag{4-5}$$

式中：$f_{m,0}$——砂浆的试配强度（MPa），应精确至 0.1 MPa；

f_2——砂浆强度等级值（MPa），应精确至 0.1 MPa；

k——系数，如表 4-4 所示。

表 4-4　砂浆强度标准差 σ 及 k 值

强度等级 施工水平	强度标准差 σ（MPa）							k
	M5	M7.5	M10	M15	M20	M25	M30	
优良	1.00	1.50	2.00	3.00	4.00	5.00	6.00	1.15
一般	1.25	1.88	2.50	3.75	5.00	6.25	7.50	1.20
较差	1.50	2.25	3.00	4.50	6.00	7.50	9.00	1.25

$$\sigma = \sqrt{\frac{\sum_{i=1}^{n} f_{m,i}^2 - n\mu_{fm}^2}{n-1}} \tag{4-6}$$

式中：$f_{m,i}$——统计周期内同一品种砂浆第 i 组试件的强度，MPa；

μ_{fm}——统计周期内同一品种砂浆 n 组试件强度的平均值，MPa；

n——统计周期内同一品种砂浆试件的总组数，$n \geqslant 25$。

当无统计资料时，砂浆强度标准差可按式（4-6）取值。

（3）水泥用量的计算应符合下列规定：

每立方米砂浆中的水泥用量，应按式（4-7）计算：

$$Q_c = 1\,000\,(f_{m,0} - \beta)\,/\,(\alpha \cdot f_{ce}) \tag{4-7}$$

式中：Q_c——每立方米砂浆的水泥刚量，kg，应精确至 1 kg；

f_{ce}——水泥的实测强度，MPa，应精确至 0.1 MPa；

α、β——砂浆的特征系数，其中 α 取 3.03，β 取 −15.09。

注：各地区也可用本地区试验资料确定 α、β 值，统计用的试验组数不得少于 30 组。

在无法取得水泥的实测强度值时，可按式（4-8）计算：

$$f_{cc} = \gamma_c \cdot f_{ce,k} \tag{4-8}$$

式中：$f_{ce,k}$——水泥强度等级值，MPa；

γ_c——水泥强度等级值的富余系数，宜按实际统计资料确定，无统计资料时可取 1.0。

（4）石灰膏用量应按式（4-9）计算：

$$Q_D = Q_A - Q_c \tag{4-9}$$

式中：Q_D——每立方米砂浆的石灰膏用量，kg，应精确至 1 kg，石灰膏使用时的稠度宜为 120 mm±5 mm；

Q_c——每立方米砂浆的水泥用量，kg，应精确至 1 kg；

Q_A——每立方米砂浆中水泥和石灰膏总量，应精确至 1 kg，可为 350 kg。

（5）每立方米砂浆中的砂用量，应按干燥状态（含水率小于 0.5%）的堆积密度值作为计算值（kg）。

（6）每立方米砂浆中的用水量，可根据砂浆稠度等要求选用 210～310 kg。

注：①混合砂浆中的用水量，不包括石灰膏中的水；

②当采用细砂或粗砂时，用水量分别取上限或下限；

③稠度小于 70 mm 时，用水量可小于下限；

④施工现场气候炎热或干燥季节，可酌量增加用水量。

2. 现场配制水泥砂浆的试配

（1）水泥砂浆的材料用量如表 4-5 所示。

表 4-5　水泥砂浆的材料用量

强度等级	水　泥/（kg·m⁻³）	砂	用水量/m³
M5	200～230		
M7.5	230～260		
M10	260～290		
M15	290～330	砂的堆积密度值	270～330
M20	340～400		
M25	360～410		
M30	430～480		

注：a. M15 及 M15 以下强度等级水泥砂浆，水泥强度等级为 32.5 级，M15 以上强度等级水泥砂浆水泥强度等级为 42.5 级；

b. 当采用细砂或粗砂时，用水量分别取上限或下限；

c. 稠度小于 70 mm 时，用水量可小于下限；

d. 施工现场气候炎热或干燥季节，可酌量增加用水量；

e. 试配强度应按式（4-5）计算。

（2）水泥粉煤灰砂浆材料用量如表 4-6 所示。

表 4-6　每立方米水泥粉煤灰砂浆材料用量

强度等级	水泥和粉煤灰总量/（kg·m⁻³）	粉煤灰	砂	用水量/m³
M5	210～240			
M7.5	240～270	粉煤灰掺量可占胶凝材料总量的 15%～25%	砂的堆积密度值	270～330
M10	270～300			
M15	300～330			

注：a. 表中水泥强度等级为 32.5 级；

b. 当采用细砂或粗砂时，用水量分别取上限或下限；

c. 稠度小于 70 mm 时，用水量可小于下限；

d. 施工现场气候炎热或干燥季节，可酌量增加用水量；

e. 试配强度应按本章式（4-5）计算。

3. 预拌砌筑砂浆的试配要求

（1）预拌砌筑砂浆应满足下列规定：

①在确定湿拌砂浆稠度时应考虑砂浆在运输和储存过程中的稠度损失；

②湿拌砂浆应根据凝结时间要求确定外加剂掺量；

③干混砂浆应明确拌制时的加水量范围；

④预拌砂浆的搅拌、运输、储存等应符合现行行业标准的规定。

（2）预拌砂浆的试配应满足下列规定：

①预拌砂浆生产前应进行试配，试配强度应按式（4-5）计算确定，试配时稠度取 70～80 mm。

②预拌砂浆中可掺入保水增稠材料、外加剂等，掺量应经试配后确定。

4. 砌筑砂浆配合比试配、调整与确定

（1）砌筑砂浆试配时应考虑工程实际要求，搅拌应符合本章的规定。

（2）按计算或查表所得配合比进行试拌时，应按现行行业标准测定砌筑砂浆拌和物的稠度和保水率。当稠度和保水率不能满足要求时，应调整材料用量，直到符合要求为止，然后确定为试配时的砂浆基准配合比。

（3）试配时至少应采用三个不同的配合比，其中一个配合比应为按基准配合比，其余两个配合比的水泥用量应按基准配合比分别增加及减少 10%。在保证稠度、保水率合格的条件下，可将用水量、石灰膏、保水增稠材料或粉煤灰等活性掺合料用量做相应调整。

（4）砂浆试配时稠度应满足施工要求，并应按现行行业标准分别测定不同配合比砂浆的表观密度及强度；并应选定符合试配强度及和易性要求、水泥用量最低的配合比作为砂浆的试配配合比。

（5）砂浆试配配合比应按下列步骤进行校正：

①应根据上述确定的砂浆配合比材料用量，按式（4-10）计算砂浆的理论表观密度值：

$$\rho_t = Q_c + Q_d + Q_s + Q_w \tag{4-10}$$

式中：ρ_t——砂浆的理论表观密度值，kg/m^3，应精确至 $10\ kg/m^3$。

②应按式（4-11）计算砂浆配合比校正系数 δ：

$$\delta = \rho_c / \rho_t \tag{4-11}$$

式中：ρ_c——砂浆的实测表观密度值，kg/m^3，应精确至 $10\ kg/m^3$。

③当砂浆的实测表观密度值与理论表观密度值之差的绝对值不超过理论值的 2% 时，可将得出的试配配合比确定为砂浆设计配合比；当超过 2% 时，应将试配配合比中每项材料用量均乘以校正系数（δ）后，确定为砂浆设计配合比。

（6）预拌砂浆生产前应进行试配、调整与确定，并应符合现行行业标准的规定。

知识扩展

路桥工程砌体用砂浆，也可以根据构筑物的部位确定设计强度等级，查阅有关图表选定配合比，下面给出几种常用砌筑砂浆的参考配合比。

（1）混合砂浆参考配合比，如表 4-7 所示。

表 4-7　混合砂浆参考配合比

水泥强度等级 /MPa	砂浆强度等级 /MPa	配合比 （水泥：石灰膏：砂）	每立方米砂浆材料用量/kg		
			水泥	石灰膏	砂
32.5级矿渣水泥	M1.0	1：3.70：20.90	70	260	1 450
	M2.5	1：1.73：13.18	110	190	1 450
	M5.0	1：0.94：8.53	170	160	1 450
	M7.5	1：0.50：6.59	220	110	1 450
	M10	1：0.27：5.58	260	70	1 450
42.5级普通水泥	M2.5	1：1.95：14.5	100	195	1 450
	M5.0	1：1.35：11.15	130	176	1 450
	M7.5	1：0.73：8.79	165	120	1 450
	M10	1：0.56：7.25	200	112	1 450

（2）水泥粉煤灰混合砂浆参考配合比，如表 4-8 所示。

表 4-8　水泥粉煤灰混合砂浆参考配合比

水泥品种	砂浆强度等级 /MPa	配合比 （水泥：石灰膏：粉煤灰：砂）	每立方米砂浆材料用量/kg			
			水泥	石灰膏	磨细粉煤灰	砂
矿渣水泥	M2.5	1：1.54：1.54：16.20	90	135	135	1 460
	M5.0	1：1.66：0.66：9.12	160	105	105	1 460
	M7.5	1：0.49：0.49：7.48	195	95	95	1 460
	M10	1：0.23：0.23：6.10	240	95	95	1 460

项目三　水泥混凝土

××中桥是钢筋混凝土箱形梁桥结构。在箱梁的施工过程中，工地试验室进行了如下工作，验证水泥混凝土质量符合设计要求。

任务一　水泥混凝土拌和物的拌和与现场取样

一、试验目的和适用范围

适用于在常温环境中室内水泥混凝土拌和物的拌和与现场取样。

二、仪器设备

搅拌机（图4-18）、振动台、磅秤、天平、铁板、铁铲等。

图 4-18　混凝土搅拌机

三、材料

（1）所有材料均应符合有关要求，拌和前材料应放置在温度为20 ℃±5 ℃的室内。

（2）为防止粗集料的离析，可将集料按不同粒径分开，使用时再按一定比例混合。试样从抽取至试验完毕过程中，不能风吹日晒，必要时应采取保护措施。

四、拌和步骤

（1）拌和时保持室温为20 ℃±5 ℃。

（2）拌和物的总量至少应比所需量高20%以上。拌制混凝土的材料用量应以质量计，称量的精确度：集料为±1%，水、水泥、掺合料和外加剂为±0.5%。

（3）粗集料、细集料均以干燥状态注为基准，计算用水量时应扣除粗集料、细集料的含水量。

注：干燥状态是指含水率小于0.5%的细集料和含水率小于0.2%的粗集料。

（4）外加剂的加入。

①对于不溶于水或难溶于水且不含潮解型盐类，应先和一部分水泥拌和，以保证充分分散。

②对于不溶于水或难溶于水但含潮解型盐类，应先和细集料拌和。

③对于水溶性或液体，应先和水拌和。

④其他特殊外加剂，应遵守有关规定。

⑤对于不溶于水或难溶于水且不含潮解型盐类，应先和一部分水泥拌和，保证充分分散。

⑥对于不溶于水或难溶于水但含潮解型盐类，应先和细集料拌和。

⑦对于水溶性或液体，应先和水拌和。

⑧其他特殊外加剂，应遵守有关规定。

（5）拌制混凝土所用各种用具，如铁板、铁铲、抹刀，应预先用水润湿，使用完后必须清洗干净。

（6）使用搅拌机前，应先用少量砂浆进行涮膛，再刮出涮膛砂浆，以避免正式拌和混凝土时水泥砂浆黏附筒壁的损失。涮膛砂浆的水灰比及砂灰比，应与正式的混凝土配合比相同。

（7）用搅拌机拌和时，拌和量宜为搅拌机公称容量的 1/4～3/4。

（8）搅拌机搅拌。

按规定称好原材料，往搅拌机内顺序加入粗集料、细集料、水泥。开动搅拌机，将材料拌和均匀，在拌和过程中徐徐加水，全部加料时间不宜超过 2 min。水全部加入后，继续拌和约 2 min，而后将拌和物倾出在铁板上，再经人工翻拌 1～2 min，务必使拌和物均匀一致。

（9）人工拌和。

采用人工拌和时，先用湿布将铁板、铁铲润湿，再将称好的砂和水泥在铁板上拌匀，加入粗集料，再混合搅拌均匀。然后，将此拌和物堆成长堆，中心扒成长槽，将称好的水倒入约一半，将其与拌和物仔细拌匀。再将材料堆成长堆，扒成长槽，倒入剩余的水，继续进行拌和，至少来回翻拌 6 遍。

（10）从试样制备完毕到开始做各项性能试验不宜超过 5 min（不包括成型试件）。

五、现场取样

（1）新混凝土现场取样：凡由搅拌机、料斗、运输小车以及浇制的构件中采取新拌混凝土代表性样品时，均须从三处以上的不同部位抽取大致相同分量的代表性样品（不要抽取已经离析的混凝土），集中用铁铲翻拌均匀，然后立即进行拌和物的试验。拌和物取样量应多于试验所需数量的 1.5 倍，其体积应不小于 20 L。

（2）为使取样具有代表性，宜采用多次采样的方法，最后集中用铁铲翻拌均匀。

（3）从第一次取样到最后一次取样不宜超过 15 min。取回的混凝土拌和物应经过人工再次翻拌均匀，然后进行试验。

小锦囊

现场混凝土取样原则及频率：结构混凝土立方体试验制取组数是以不同等级及不同配合比的浇筑地点或拌和地点随机制取，浇筑一般体积的结构物（如基础、墩台）时，每一单元结构应制取 2 组；连续浇筑大体积结构时，每 80～200 m³ 或每一工作班应制取 2 组。桥梁上部构造主要构件长度在 16 m 以下时，应制取 1 组；16～30 m 时制取 2 组；31～50 m 时应制取 3 组；50 m 以上时不少于 5 组；对小型构件每批或每个工作班至少应制取 2 组；对于钻孔桩每条至少应制取 2 组；当桩长在 20 m 以上时不少于 3 组；对桩径大、灌注时间很长时不少于 4 组。另外，还要根据施工的需要，再制取几组作为拆模、张拉和吊装等施工阶段的强度依据。

水泥混凝土路面面层混凝土的取样频率为：高速公路及一级公路每班留 2～4 组试件，日进度＜500 m 取 2 组；＞500 m 取 4 组；其他公路每班留 1～3 组试件，日进度＜500 m 取 1 组；≥500 m 取 3 组。

任务二 水泥混凝土拌和物稠度测定（坍落度仪法）

一、试验目的和适用范围

采用坍落度仪测定水泥混凝土拌和物稠度，适用于坍落度大于 10 mm，集料公称最大粒径不大于 31.5 mm 的水泥混凝土的坍落度测定。

二、仪器设备

坍落度筒（图 4-19、图 4-20）、捣棒、小铲、木尺、小钢尺、镘刀和钢平板等。

图 4-19 坍落度筒

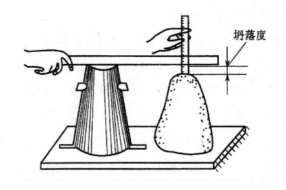

图 4-20 坍落度值测定

三、试验步骤

(1) 试验前将坍落度筒内外洗净，放在经水润湿过的平板上（平板吸水时应垫塑料布），踏紧踏脚板。

(2) 将代表样分三层装入筒内，每层装入高度稍大于筒高的 1/3，用捣棒在每一层的横截面上均匀插捣 25 次。插捣在全部面积上进行，沿螺旋线由边缘至中心，插捣底层时插至底部，插捣其他两层时，应插透本层并插入下层 20～30 mm，插捣须垂直压下（边缘部分除外），不得冲击。在插捣顶层时，装入的混凝土应高出坍落度筒口，随插捣过程随时添加拌和物。当顶层插捣完毕后，将捣棒用锯和滚的动作，清除掉多余的混凝土，用镘刀抹平筒口，刮净筒底周围的拌和物。然后，立即垂直地提起坍落筒，提筒在 5～10 s 内完成，并使混凝土不受横向及扭力作用。从开始装料到提出坍落度筒整个过程应在 150 s 内完成。

(3) 将坍落度筒放在锥体混凝土试样一旁，筒顶平放木尺，用小钢尺量出木尺底面至试样顶面最高点的垂直距离，即该混凝土拌和物的坍落度，精确至 1 mm（如图 4-20所示）。

(4) 当混凝土试件的一侧发生崩坍或一边剪切破坏，则应重新取样另测。如果第二次仍发生上述情况，则表示该混凝土和易性不好，应记录。

(5) 当混凝土拌和物的坍落度大于 220 mm 时，用钢尺测量混凝土扩展后最终的最大直径和最小直径，在这两个直径之差小于 50 mm 的条件下，用其算术平均值作为坍落扩展度值；否则，此次试验无效。在进行坍落度试验的同时，可用目测方法评定混凝土拌和物的下列性质，并予以记录。

①棍度：按插捣混凝土拌和物时难易程度评定，分"上""中""下"三级。

"上"：表示插捣容易；

"中"：表示插捣时稍有石子阻滞的感觉；

"下"：表示很难插捣。

②含砂情况：按拌和物外观含砂多少而评定，分"多""中""少"三级。

"多"：表示用镘刀抹拌和物表面时，一两次即可使拌和物表面平整、无蜂窝；

"中"：表示抹五六次才可使表面平整、无蜂窝；

"少"：表示抹面困难，不易抹平，有空隙及石子外露等现象。

③黏聚性：观测拌和物各组分相互黏聚情况。评定方法是用捣棒在已坍落的混凝土锥体侧面轻打，如锥体在轻打后逐渐下沉，则表示黏聚性良好；如锥体突然倒坍、部分崩裂或发生石子离析现象，即表示黏聚性不好。

④保水性：指水分从拌和物中析出情况，分"多量""少量""无"三级评定。

"多量"：表示提起坍落筒后，有较多水分从底部析出；

"少量"：表示提起坍落筒后，有少量水分从底部析出；

"无"：表示提起坍落筒后，没有水分从底部析出。

知识点

　　工作性好的新拌混凝土，易于搅拌均匀，运输浇灌时，不发生离析、泌水现象；捣实时，流动性大，易于充满模板各部分，容易捣实；所制成的混凝土内部质地均匀、致密，强度与耐久性均能保证。因此，它是混凝土的重要性质之一。混凝土拌和物工作性常用的测定方法有坍落度试验和维勃稠度试验两种。坍落度试验适用于塑性混凝土；维勃稠度试验适用于干硬性混凝土。

任务三　水泥混凝土拌和物表观密度测定

一、试验目的和适用范围

　　适用于测定水泥混凝土拌和物捣实后的密度，以备修正、核实水泥混凝土配合比计算中的材料用量。当已知所用原材料密度时，还可以算出拌和物近似含气量。

二、仪器设备

　　试样筒、捣棒、磅秤、振动台、金属直尺、混凝土立方体试模（图 4-21）、铁板、铁铲等。

图 4-21　混凝土立方体试模

三、试验步骤

（1）试验前用湿布将试样筒内外擦拭干净，称出质量（m_1），精确至50 g。

（2）当坍落度不小于70 mm时，宜用人工捣固。对于5 L试样筒，可将混凝土拌和物分两层装入，每层插捣次数为25次；对于大于5 L的试样筒，每层混凝土高度不应大于100 mm，每层插捣次数按每10 000 mm² 截面不小12次计算。用捣棒从边缘到中心沿螺旋线均匀插捣，捣棒应垂直压下，不得冲击，捣底层时应至筒底，捣上两层时，须插入其下一层20～30 mm。每捣毕一层，应在量筒外壁拍打5～10次，直至拌和物表面不出现气泡为止。

（3）当坍落度小于70 mm时，宜用振动台振实，应将试样筒在振动台上夹紧，一次将拌和物装满试样筒，立即开始振动，振动过程中如混凝土低于筒口，应随时添加混凝土，振动直至拌和物表面出现水泥浆为止。

（4）用金属直尺齐筒口刮去多余的混凝土，用镘刀抹平表面，并用玻璃板检验。然后，擦净试样筒外部并称其质量（m_2），精确至50 g。

（5）试验结果计算。

按式（4-12）计算拌和物表观密度 ρ_h：

$$\rho_h = \frac{m_2 - m_1}{V} \times 1\ 000 \tag{4-12}$$

式中：ρ_h——拌和物表观密度，kg/m³；

m_1——试样筒质量，kg；

m_2——捣实或振实后混凝土和试样筒总质量，kg；

V——试样筒容积，L。

试验结果计算精确到10 kg/m³。

小锦囊

（1）以两次试验结果的算术平均值作为测定值，精确到10 kg/m³，试样不得重复使用。

（2）应经常校正试样筒容积。将干净的试样筒和玻璃板合并称其质量，再将试样筒加满水，盖上玻璃板，使筒内不存有气泡，擦干外部水分，称出水的质量，即试样筒容积。

任务四　水泥混凝土立方体抗压强度测定

一、试验目的和适用范围

测定水泥混凝土抗压极限强度，可用于确定水泥混凝土的强度等级，作为评定水泥混凝土品质的主要指标。适用于各类水泥混凝土立方体试件的极限抗压强度试验。

二、仪器设备

压力机或万能试验机（图 4-22）、球座、钢垫板等。

图 4-22 压力机

三、试件制备和养护

混凝土抗压强度试件应同龄期者为一组，每组为 3 个同条件制作和养护的混凝土试块（图 4-23）。

图 4-23 混凝土试块

四、试验步骤

（1）至试验龄期时，自养护室取出试件，应尽快试验，避免其湿度变化。

（2）取出试件，检查其尺寸及形状，相对两面应平行。量出棱边长度，精确至 1 mm。试件受力截面积按其与压力机上下接触面的平均值计算。在试件破坏前，保持试件原有湿度，在试验时擦干试件。

（3）以成型时侧面为上下受压面，试件中心应与压力机几何对中。

（4）强度等级小于 C30 的混凝土，取 0.3～0.5 MPa/s 的加荷速度；强度等级大于 C30 小于 C60 时，则取 0.5～0.8 MPa/s 的加荷速度；强度等级大于 C60 的混凝土，取 0.8～1.0 MPa/s 的加荷速度。当试件接近破坏而开始迅速变形时，应停止调整试验机油门，直至试件破坏（图 4-24），记下破坏极限荷载 F（N）。

图 4-24　混凝土试块破坏后

（5）试验结果。

混凝土立方体试件抗压强度按式（4-13）计算：

$$f_{cu} = \frac{F}{A} \tag{4-13}$$

式中：f_{cu}——混凝土立方体抗压强度，MPa；

　　　F——极限荷载，N；

　　　A——受压面积，mm^2。

小锦囊

（1）以三个试件测值的算术平均值为测定值，计算精确至 0.1 MPa。三个测值中的最大值或最小值中如果有一个与中间值之差超过中间值的 15%，则取中间值为测定值；如果最大值和最小值与中间值之差均超过中间值的 15%，则该组试验结果无效。

（2）混凝土强度等级小于 C60 时，非标准试件的抗压强度应乘以尺寸换算系数（表 4-9），并应在报告中注明。当混凝土强度等级大于等于 C60 时，宜用标准试件。使用非标准试件时，换算系数由试验确定。

表 4-9　立方体抗压强度尺寸换算系数

试件尺寸/mm	尺寸换算系数	试件尺寸/mm	尺寸换算系数
100×100×100	0.95	200×200×200	1.05

任务五　水泥混凝土抗弯拉强度测定

一、试验目的和适用范围

测定水泥混凝土抗弯拉极限强度，以提供设计参数，检查水泥混凝土施工品质和确定抗弯拉弹性模量试验加荷标准。

二、仪器设备

压力机或万能试验机（图 4-25）、抗弯拉试验装置等。

图 4-25　万能试验机

三、试件制备和养护

试件尺寸应符合规定，同时在试件长向中部 1/3 区段内表面不得有直径超过 5 mm、深度超过 2 mm 的孔洞。

四、试验步骤

（1）取出试件后，用湿毛巾覆盖并及时进行试验，保持试件干湿状态不变。在试件中部测量其宽度和高度，精确至 1 mm。

（2）调整两个可移动支座，将试件安放在支座上，试件成型时的侧面朝上，几何对中后，务必使支座及承压面与活动船形垫块的接触面平稳、均匀，否则应垫平。

（3）加荷时，应保持均匀、连续。当混凝土的强度等级小于 C30 时，加荷速度为 0.02～0.05 MPa/s；当混凝土的强度等级大于等于 C30 且小于 C60 时，加荷速度为 0.05～0.08 MPa/s；当混凝土的强度等级大于等于 C60 时，加荷速度为 0.08～0.10 MPa/s。当试件接近破坏而开始迅速变形时，不得调整试验机油门，直至试件破坏，记下破坏极限荷载 F（N）。

（4）记录下最大荷载和试件下边缘断裂的位置。

（5）试验结果。

①当断面发生在两个加荷点之间时，抗弯拉强度 f_f 按式（4-14）计算：

$$f_f = \frac{FL}{bh^2}$$

（4-14）

式中：f_f——抗弯拉强度，MPa；

F——极限荷载，N；

L——支座间距离，mm；

b——试件宽度，mm；

h——试件高度，mm。

抗弯拉强度计算精确到 0.01 MPa。

②采用 100 mm×100 mm×400 mm 非标准试件时，在三分点加荷的试验方法同前，但所取得的抗弯拉强度值应乘以尺寸换算系数 0.85。当混凝土强度等级大于等于 C60 时，应采用标准试件。

小锦囊

（1）以三个试件测值的算术平均值为测定值。三个试件中最大值或最小值中如果有一个与中间值之差超过中间值的 15%，则把最大值和最小值舍去，以中间值作为试件的抗弯拉强度；如果最大值和最小值与中间值之差值均超过中间值的 15%，则该组试验结果无效。

（2）三个试件中如有一个断裂面位于加荷点外侧，则混凝土抗弯拉强度按另外两个试件的试验结果计算。如果这两个测值的差值不大于这两个测值中较小值的 15%，则以两个测值的平均值为测试结果，否则结果无效。

（3）如果有两根试件均出现断裂面位于加荷点外侧，则该组结果无效。

注：断裂面位置在试件断块短边一侧的底面中轴线上量取。

知识点

在结构设计时，混凝土各种力学强度的标准值均可由强度等级换算出，因此，强度等级是混凝土各种力学强度标准值的基础，其中最主要的是混凝土的抗压强度和抗折强度。

按照标准的制作方法制成，在标准养护条件下养护，按照标准的测定方法测定其抗压强度值，称为混凝土抗压强度。而混凝土抗折强度是以标准抗折强度制备成的梁形试件，在标准条件下养护，按三点加荷方式测定其抗折强度。

水泥混凝土是指用水泥作为胶凝材料，以砂、石作为集料，与水（加或不加外加剂和掺合料）按一定比例配合，经搅拌、成型、养护、硬化而得的具有一定结构强度的结构或者构件，也称普通混凝土，它广泛应用于土木工程。

水泥混凝土具有许多优点：较高的抗压强度和较好的耐久性，可以浇筑成任意形状、不同强度、不同性能的建筑物，原材料来源广泛，价格低廉。因此，水泥混凝土已成为道路与桥梁工程的主要建筑材料。但水泥混凝土存在抗拉强度低、受拉时变形能力小、容易受温度和湿度变化而开裂、自重大等缺点。

一、水泥混凝土对组成材料的技术要求

水泥混凝土是以集料作为骨架，水泥净浆作为胶结材料构成的混合料。混凝土的结构如图 4-26 所示，图中最小的黑点代表未水化的水泥粒子。

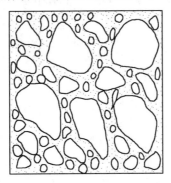

图 4-26　混凝土结构

在混凝土中，水泥浆的作用是包裹集料表面并填充集料间的空隙，作为集料间的润滑材料，使尚未凝固的混凝土拌和物具有流动性，并通过水泥浆的凝结硬化将集料胶结成整体。石子和砂起骨架作用，同时砂子填充石子的空隙，使砂石构成密实、坚硬的骨架。为了保证混凝土的品质，使混凝土具有良好的技术性质，降低工程造价，必须正确选用混凝土的各种组成材料。

1. 水泥

水泥是混凝土的胶结材料，混凝土的性能在很大程度上取决于水泥的品质，而水泥的价格又是混凝土组成材料中最贵的。因此，为了保证混凝土的设计强度和耐久性，节约水泥和降低造价，就必须根据工程特点、施工条件和所处环境等因素，正确选用水泥的品种与强度等级。

（1）水泥品种的选择。

水泥品种的选择可参照表 4-10。

表 4-10　常用水泥品种的选用

工程性质	适用范围 / 水泥品种	硅盐盐水泥 (P)	普通水泥 (P.O)	矿渣水泥 (P.S)	火山灰水泥 (P.P)	粉煤灰水泥 (P.F)
工程特点	1. 厚大体积混凝土	不得使用	可以使用	优先选用	优先选用	优先选用
	2. 快硬混凝土	优先选用	可以使用	不得使用	不得使用	不得使用
	3. 高强（大于C40级）混凝土	优先选用	可以使用	可以使用	不得使用	不得使用
	4. 有抗渗要求的混凝土	优先选用	优先选用	不得使用	优先选用	优先选用
	5. 耐磨混凝土（水泥强度等级应≥32.5）	优先选用	优先选用	可以使用	不得使用	不得使用
环境条件	1. 在普通气候环境中的混凝土	可以使用	优先选用	可以使用	可以使用	可以使用
	2. 在干燥环境中的混凝土	可以使用	优先选用	可以使用	不得使用	不得使用
	3. 在高湿度环境中或永远处在水下的混凝土	可以使用	可以使用	优先选用	可以使用	可以使用
	4. 严寒地区的露天混凝土，严寒地区处在水位升降范围内的混凝土（水泥强度等级应≥32.5）	优先选用	优先选用	可以使用	不等使用	不得使用
	5. 严寒地区处在水位升降范围内的混凝土（水泥强度等级应≥32.5）	优先选用	优先选用	不等使用	不得使用	不得使用

（2）水泥强度等级的选择。

选用水泥的强度等级，应与要求配制的混凝土强度等级相适应，充分利用水泥的活性。在生产实践中得出如下经验：

①一般情况下，水泥强度等级为混凝土强度等级的1.1～1.6倍。

②配制强度等级高的混凝土时，水泥强度等级应是混凝土强度等级的0.7～1.2倍。但是，随着混凝土强度等级的不断提高，现代高强混凝土并不受此约束。

③如果必须用高强度等级水泥配制低强度等级的混凝土，则每立方米混凝土的水泥用量偏少，会影响和易性和密实度，应加入一定量的混合料。

④如果必须用低强度等级水泥配制高强度等级混凝土，则水泥用量偏多、不经济，且会影响混凝土的其他技术性质，在此情况下可考虑掺外加剂。

2. 细集料

混凝土用细集料应采用级配良好、质地坚硬、颗粒洁净的天然砂，也可使用机制砂。配制混凝土时，对细集料的品质有以下几方面的要求：

（1）砂的粗细程度和颗粒级配。

砂的粗细程度和颗粒级配应使所配制的混凝土达到设计强度等级和节约水泥的目的。

砂的粗细程度是指不同粒径的砂粒，混合在一起后的总体的粗细程度。在相同质量条件下，粗砂的表面积较小，细砂的表面积较大。在混凝土中，砂的表面需由水泥浆包裹，砂的表面积越小，则需要包裹砂粒表面的水泥浆越少，从而在保证混凝土质量的前提下节省水泥，因此配制混凝土用粗砂比用细砂节约水泥。

砂的颗粒级配，表示砂大小颗粒搭配的情况。在混凝土中砂粒之间的空隙是由水泥浆所填充，为了达到节约水泥和提高强度的目的，就应当尽量减少砂粒之间的空隙。因此，必须有大小不同粒径的颗粒搭配。

混凝土用砂的颗粒级配应符合图 4-27 中任何一个级配区所规定的级配范围或表 4-11 的规定。

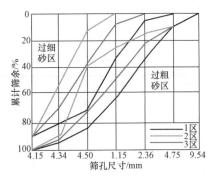

图 4-27 水泥混凝土用砂级配范围曲线

表 4-11 砂的颗粒级配

级配区 方孔筛/mm	Ⅰ	Ⅱ	Ⅲ
9.50	0	0	0
4.75	10~0	10~0	10~0
2.36	35~5	25~0	15~0
1.18	65~35	50~10	25~0
0.6	85~71	70~41	40~16
0.3	95~80	92~70	85~55
0.150	100~90	100~90	100~90

注：1. 表中的数据为累计筛余数（%）；

2. 砂的实际颗粒级配与表列累计百分率相比，除 4.75 mm 和 0.6 mm 筛孔外，允许稍有超出分界线，但其总量百分率不应大于 5%；

3. Ⅰ 区砂中 0.15 mm 筛孔累计筛余可放宽到 100~85，Ⅱ 区砂中 0.15 mm 筛孔累计筛余可放宽到 100~80，Ⅲ 区砂中 0.15 mm 筛孔累计筛余可放宽到 100~75。

（2）有害杂质含量。

集料中含有妨碍水泥水化或降低集料与水泥石黏附性，以及能与水泥水化物产生不良化学反应的各种物质，称为有害杂质。砂中常含有的有害杂质，主要有泥土和泥块、云母、轻物质、硫酸盐和硫化物以及有机质等。

（3）压碎值和坚固性。

混凝土中所用细集料也应具备一定的强度和坚固性。人工砂进行压碎值测定，天然砂采用硫酸钠溶液进行坚固性试验，经 5 次循环后测量其质量损失。

细集料技术要求如表 4-12 所示。按现行规范的规定：Ⅰ级砂宜用于强度等级大于 C60 的混凝土，Ⅱ级砂宜用于强度等级 C30～C60 的混凝土，Ⅲ级砂宜用强度等级低于 C30 的混凝土。

表 4-12　细集料技术要求

技　术　指　标				技术要求		
				Ⅰ级	Ⅱ级	Ⅲ级
人工砂	压碎指标/%			<20	<25	<30
	甲基蓝试验	MB 值<1.4 或合格	石粉含量/%	<3.0	<5.0	<7.0
			泥块含量/%	<0	<1.0	<2.0
		MB 值≥1.4 或合格	石粉含量/%	<1.0	<3.0	<5.0
			泥块含量/%	<0	<1.0	<2.0
天然砂/%	含泥量/%			<1.0	<3.0	<5.0
	泥块含量/%			<0	<1.0	<2.0
有害杂质含量/%	氯化物含量（按氯离子质量计）			<0.01	<0.02	<0.06
	云母含量			<1.0	<2.0	<2.0
	有机物含量（比色法）/%			合格	合格	合格
	硫化物及硫酸盐（按 SO_3 质量计）/%			<0.5	<0.5	<0.5
	轻物质含量			<1.0	<1.0	<1.0
坚固性（质量损失）/%				<8	<8	<10
密度和空隙率				表观密度>2 500 kg/m^3；松散堆积密度>1 350 kg/m^3；空隙率<47%		

3. 粗集料

混凝土中采用的粗集料主要是碎石和砾石。碎石颗粒具有棱角，表面粗糙，空隙率和总表面积较大；而砾石表面光滑，少棱角，空隙率和总表面积较小。因此，在水泥用量相同的情况下，砾石混凝土混合料的流动性大于碎石混凝土混合料，但砾石与水泥浆的胶结力较碎石差，则在同样配合比情况下，砾石混凝土的强度比碎石混凝土强度要低。配制时，对粗集料的品质有以下几个方面的要求：

（1）强度：为保证混凝土的强度，要求粗集料必须具有一定的强度，碎石的强度可用岩石的抗压强度和压碎值两种指标表示。

压碎值指标可间接表示粗集料的强度，粗集料压碎指标应符合表 4-13 的规定。

表 4-13　碎石和卵石的技术要求

技 术 指 标	技 术 要 求		
	Ⅰ级	Ⅱ级	Ⅲ级
碎石压碎指标/%	<10	<20	<30
卵石压碎指标/%	<12	<16	<16
针片状颗粒含量/%	<5	<15	<25
含泥量/%	<0.5	<1.0	<1.5
泥块含量/%	<0	<0.5	<0.7
有机物含量（比色法）	合格	合格	合格
硫化物及硫酸盐含量（按 SO_3 质量计）/%	<0.5	<1.0	<1.0
坚固性（质量损失）/%	<5	<8	<12
岩石抗压强度/MPa	在饱水状态下，火成岩应不小于 80；变质岩不小于 60；水成岩应不小于 30		
密度与空隙率	表观密度>2 500 kg/m^3；松散堆积密度>1 350 kg/m^3；空隙率<47%		
碱集料反应	经碱集料反应试验后，由卵石、碎石配制的试件无裂缝、缩裂、液体外溢等现象，在规定试验龄期的膨胀率应小于 0.10%		

（2）坚固性：碎石或卵石的坚固性是指集料在气候、环境变化或其他物理因素作用下抵抗碎裂的能力。为保证混凝土的耐久性，用作混凝土的粗集料应具有足够的坚固性，以抵抗冻融和自然因素的风化作用。混凝土用粗集料坚固性是用硫酸钠溶液法检验，试样经 5 次循环后，其质量损失应符合表 4-13 的规定。

（3）级配：为获得密实、高强度的混凝土并节约水泥，要求矿质混合料有良好的级配。较好的级配应具备三个条件：

①空隙率要小，以节约水泥；

②总表面积要小，以减小湿润集料表面的需水量；

③要有适当含量的细集料，以满足混合料工作性的要求。

粗细集料在适当配合比例下可使混合料的空隙率很小。试验资料表明，最小空隙率一般出现在细集料含量大约 40% 的时候，但随粗集料最大粒径及种类不同而有变化，其最小空隙率为 20%～28%。粗集料级配应满足表 4-14 的规定。

表 4-14　碎石或卵石的颗粒级配与范围

级配情况	序号	公称粒径/mm	筛孔尺寸（方孔筛）/mm											
			2.36	4.75	9.5	16.0	19.0	26.5	31.5	37.5	53.0	63.0	75.0	90
			累计筛余（按质量计）/%											
连续粒级	1	5～10	95～100	80～100	0～15	0	—							
	2	5～16	95～100	85～100	30～60	0～10	—							
	3	5～20	95～100	90～100	40～80	—	0～10	0						
	4	5～25	95～100	90～100	—	30～70	—	0～5	0					
	5	5～31.5	95～100	90～100	70～90	—	15～45	—	0～5	0				
	6	5～40		95～100	70～90	—	30～65	—	—	0～5	0			
单粒粒级	1	10～20	—	95～100	85～100	—	0～15	0						
	2	16～31.5	—	95～100	—	85～100	—	—	0～10	0				
	3	20～40	—	—	95～100	—	80～100	—	—	0～10	0			
	4	31.5～63	—	—	—	95～100	—	—	75～100	45～75	—	0～10	0	
	5	40～80	—	—	—	—	95～100	—	—	70～100	—	30～60	0～10	0

（4）最大粒径选择：粗集料中公称粒级的上限称为该粒级的最大粒径。新拌混凝土随着最大粒径的增大，单位用水量相应减少。在固定用水量和水灰比的条件下，加大最大粒径，可获得较好的工作性。通常在结构断面允许的条件下尽量增大最大粒径，以节约水泥（注意最大粒径增大，抗拉强度会降低）。

（5）表面特征和形状：碎石配制的混凝土具有较高强度，卵石配制的混凝土具有较好的工作性。粗集料的颗粒接近正立方体为佳，不宜含有较多针、片状颗粒。混凝土用粗集料针、片状颗粒限值如表 4-13 所示。

（6）有害杂质含量：其含量限值见表 4-13。

4．混凝土拌和用水

清洗集料、拌和混凝土及养生用的水，不应含有影响混凝土质量的油、酸、碱、盐类、有机物等。可饮用的水一般都能拌制混凝土。非饮用水，经化验其质量符合表 4-15 的要求也可使用。

表 4-15　混凝土拌和用水水质要求

项　　目		素混凝土	钢筋混凝土	预应力混凝土
1．pH 值	不小于	4	4	4
2．不溶物/（mg·L⁻¹）	不大于	5 000	2 000	2 000
3．可溶物/（mg·L⁻¹）	不大于	10 000	5 000	2 000
4．氯化物（以 Cl^- 计）/（mg·L⁻¹）	不大于	3 500	1 200	500 *
5．硫酸盐（以 SO_4^{2-} 计）/（mg·L⁻¹）	不大于	2 700	2 700	600
6．硫化物（以 S^{2-} 计）/（mg·L⁻¹）	不大于	—	—	100
注：* 使用钢丝或热处理钢筋的预应力混凝土中氯化物含量不超过 350 mg/L。				

二、混凝土的主要技术性质

水泥混凝土的主要技术性质包括：新拌混凝土的工作性、硬化后的力学性质和耐久性。

1. 新拌混凝土的工作性

（1）工作性的含意。

水泥混凝土在尚未凝结硬化之前，称为新拌混凝土或称混凝土拌和物（图 4-28）。新拌混凝土工作性是指混凝土拌和物的施工操作难易程度和抵抗离析作用程度的性质，又称和易性。它包括流动性、可捣实性和稳定性三个方面的含义。

图 4-28　新拌混凝土

①流动性：新拌混凝土在自重及施工振捣的作用下，克服内部阻力，能产生流动并且均匀密实地填满模板中各个角落的性能。新拌混凝土的流动性能好，混凝土容易拌匀、捣实、成型；但流动性过大，水泥浆用量较多，影响混凝土的密实性、均匀性和强度。

②可捣实性：新拌混凝土易于振捣密实，并排除所有被挟带的空气的性质，所制成的混凝土内部质地均匀、密实，强度与耐久性均能保证。

③稳定性：新拌混凝土施工振捣时，能够保持自身的稳定、黏聚、均质而不离析、不泌水的性质。

离析现象是指粗集料下沉，砂浆上浮，以致造成混凝土出现蜂窝、麻面、薄弱夹层等质量不均匀的缺陷。泌水现象主要表现在固体颗粒下沉过程中，部分水分析出表面，致使上层含水多而水灰比加大，影响混凝土的质量。

工作性好的新拌混凝土，易于搅拌均匀。运输浇灌时，不发生离析、泌水现象；捣实时，流动性大，易于充满模板各部分，容易捣实；所制成的混凝土内部质地均匀、致密，强度与耐久性均能保证。因此，它是混凝土的重要性质之一。

（2）工作性的测定方法。

混凝土拌和物工作性的常用测定方法，有坍落度试验和维勃稠度试验两种。坍落度试验适用于塑性混凝土，维勃稠度试验适用于干硬性混凝土。坍落度小于 10 mm 的新拌混凝土，可采用维勃稠度仪测定其工作性；坍落度不小于 10 mm 的新拌混凝土，可采用坍落度值测定其工作性。

（3）工作性的选择。

混凝土拌和物的工作性，依据结构物的断面尺寸、钢筋配置的疏密以及捣实的机械类型和施工方法等来选择。一般对无筋厚大结构、钢筋配置稀疏和易于施工的结构，尽可能选用较小的坍落度，以节约水泥；反之，对断面尺寸较小、形状复杂或配筋特密的结构，应选用较大的坍落度，以保证施工质量。公路桥涵用混凝土拌和物的坍落度，参考表 4-16 选用。

表 4-16　公路桥涵用混凝土拌和物的坍落度

项　次	结构种类	坍落度/mm
1	桥涵基础、墩台、挡土墙及大型制块等便于灌注捣实的结构	0～20
2	上列桥涵墩台等工程中较不便施工处	10～30
3	普通配筋的钢筋混凝土结构，如钢筋混凝土板、梁、柱等	30～50
4	钢筋较密、断面较小的钢筋混凝土结构（梁、柱、墙等）	50～70
5	钢筋配置特密、断面高而狭小、极不方便灌注捣实的特殊部位	70～90

（4）影响工作性的因素。

①水泥品种的影响：水泥品种不同，达到标准稠度用水量不同，配制成混凝土拌和物具有不同的工作性。通常普通水泥配制的混凝土拌和物比矿渣水泥和火山灰水泥的工作性好；矿渣水泥拌和物的流动性虽大，但黏聚性差，易泌水、离析；火山灰水泥拌和物的流动性小，但黏聚性最好。

②集料特性的影响：集料的特性包括最大粒径、形状、表面纹理、级配和吸水性等，这些特性将不同程度地影响新拌混凝土的工作性。在相同用水量条件下，集料表面光滑、形状较圆、少棱角的卵石，所拌制的混合料流动性好，但强度较表面粗糙、有棱角的碎石低。

③水泥浆数量与水灰比：混凝土拌和物的流动性来自水泥浆，混凝土中水泥浆含量越多，拌和物的流动性越大。水灰比是指水的质量与水泥质量之比。在水灰比一定时，增加水泥浆含量，混凝土拌和物流动性会增大。若水泥浆本身流动性小，用水量少，水灰比小，混凝土拌和物的流动性也随之减小。

④砂率的影响：砂率是指混凝土中砂的质量占砂石总质量的百分率。砂率过小，则砂量不足，拌和物的流动性小，易于离析、泌水；砂率过大，则集料的总表面积增大，包裹砂子的水泥浆层变薄，砂粒间的阻力加大，拌和物的流动性减小。

⑤外加剂：在混凝土拌和物中加入少量的外加剂，可在不增加用水量和水泥用量的情况下，有效地改善混凝土拌和物的工作性。

⑥温度与搅拌时间：混凝土拌和物的流动性随温度的升高而减小。一般温度每升高

10 ℃，坍落度减小 20～40 mm，夏天施工必须注意这一点。另外，搅拌时间的长短也会影响拌和物的工作性。若搅拌时间不足，拌和物的工作性就差，质量也不均匀。一般根据搅拌机不同容量，规定最小搅拌时间为 1～3 min。

2. 硬化后混凝土的力学性质

硬化后混凝土的力学性质包括强度和变形两个方面。

（1）强度。

强度是混凝土硬化后的主要力学性质，其中最主要的是混凝土的抗压强度和抗折强度。

①抗压强度标准值和强度等级。

在结构设计时，混凝土各种力学强度的标准值，均可由强度等级换算出。因此，强度等级是混凝土各种力学强度标准值的基础。

立方体抗压强度（f_{cu}）：按照标准的制作方法制成边长 150 mm 的正立方体试件，在标准养护条件（温度 20 ℃±3 ℃，相对湿度 90％以上）下，养护至 28 d 龄期，按照标准的测定方法测定其抗压强度值，称为混凝土立方体试件抗压强度。以三个试件为一组，取三个试件强度的算术平均值作为每组试件的强度代表值。

立方体抗压强度标准值（$f_{cu,k}$）：按照标准方法制作和养护的边长为 150 mm 的立方体试件，在 28 d 龄期，用标准试验方法测定的抗压强度总体分布中的一个值，强度低于该值的百分率不超过 5％（即具有 95％的保证率），立方体抗压强度标准值以 $f_{cu,k}$ 表示，单位 MPa。

从以上定义可知，立方体抗压强度（f_{cu}）只是一组混凝土试件抗压强度的算术平均值。而立方体抗压强度标准值（$f_{cu,k}$）是按数理统计方法确定，具有不低于 95％保证率的立方体抗压强度。

混凝土强度等级：其是根据立方体抗压强度标准值来确定的。强度等级的表示方法是用符号"C"和"立方体抗压强度标准值"两项内容表示。我国现行规范规定，普通混凝土按立方体抗压强度标准值划分为：C7.5、C10、C15、C20、C25、C30、C35、C40、C45、C50、C55、C60 12 个强度等级。

②抗折强度。

道路路面和机场道面用水泥混凝土，是以抗折强度作为主要强度指标，以抗压强度作为参考强度指标的。不同交通量分级的水泥湿凝土计算抗折强度如表 4-17 所示，道路水泥混凝土抗折强度与抗压强度的关系如表 4-18 所示。

表 4-17　路面水泥混凝土计算抗折强度　　　　　　　MPa

交通量分级	特重	重	中等	轻
混凝土计算抗折强度 f_{cf}	5.0	5.0	4.5	4.0

表 4-18　道路水泥混凝土抗折强度与抗压强度的关系　　　　　　　　　MPa

抗折强度 f_{cf}	4.0	4.5	5.0	5.5
抗压强度 f_{cu}	25.0	30.0	35.5	40.0

　　道路水泥混凝土抗折强度是以标准抗折强度制备成 150 mm×150 mm×550 mm 的梁形试件，在标准条件下，经养护 28 d 后，按三点加荷方式，测定其抗折强度。如为跨中单点加荷得到的抗折强度，则应乘以折算系数 0.85。

　　（2）影响水泥混凝土强度的因素。

　　①水泥强度和水灰比试验表明，在配合比相同的条件下，水泥强度越高，制成的混凝土强度也越高。当水泥强度一定时，混凝土的强度主要取决于水灰比的大小，水灰比越小，水泥混凝土强度越高。

　　②集料的品种、质量与数量在其他条件相同的情况下，用碎石拌制的混凝土比卵石混凝土的强度高。集料强度过低、集料中有害杂质含量过多时，会降低混凝土的强度。集浆比对混凝土，特别是对高强度混凝土强度有一定影响。在水灰比相同的条件下，达到最优集浆比后，混凝土的强度随集浆比的减小而降低。

　　③养护条件混凝土在潮湿条件下养护强度高，在干燥条件下强度低。试验资料表明，混凝土在干燥条件下经过几个月后放在水中养护，强度仍会继续增长，时间越长强度越高。在湿度相同的养护条件下，低温养护强度发展较慢，当温度降至 0 ℃时，混凝土强度则停止增长，遭遇严寒还会引起混凝土崩溃。温度对混凝土强度的影响如图 4-29 所示。

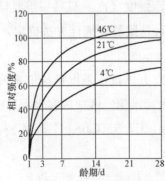

图 4-29　养护温度条件对混凝土强度的影响

　　④龄期混凝土在标准养护条件下，其强度与龄期的对数成正比。

　　⑤试验条件相同，材料组成、制备和养护条件相同的混凝土试件，其力学强度还取决于试验条件。影响混凝土力学强度的试验条件主要有：试件形状和尺寸、试件温度和湿度、支承条件和加载方式等。

　　（3）提高水泥混凝土强度的措施。

　　提高水泥混凝土强度的措施有：选用高强度水泥和早强型水泥；降低水灰比和浆集比，

以提高混凝土的密实度；采用蒸汽养护和蒸压养护，以提高混凝土的早期强度；掺加外加剂和掺合料，采用机械搅拌和振捣等。

3. 混凝土的耐久性

道路与桥梁用混凝土长期遭受风霜雨雪的侵蚀，对耐久性要求首要为抗冻性；其次，路面混凝土还要求具有一定的耐磨性；桥梁墩台混凝土要求具有对海水、污水的耐蚀性；隧道混凝土要求具有对气体的耐蚀性。此外，近年来因碱—集料反应而导致的高速公路及桥梁结构的破坏，也引起了人们的关注。

(1) 抗冻性。

混凝土抗冻性是指混凝土在饱水状态下，能经受多次冻融循环而不被破坏的性能。影响混凝土抗冻性的因素很多，主要是材料本身的性质及混凝土的密实度、强度等。

(2) 耐磨性。

耐磨性是路面和桥梁用混凝土的重要性能之一。作为高级路面的水泥混凝土，必须具有抵抗车辆轮胎磨耗和磨光的性能，大型桥梁的墩台混凝土要具有抵抗湍流空蚀的能力。

(3) 碱—集料反应。

碱—集料反应会导致高速公路路面或大型桥梁墩台的开裂和破坏，并且会不断发展，难以补救。因此，引起了世界各国的普遍关注。碱—集料反应必须具备三个条件：混凝土中的集料具有活性；混凝土中含有一定量可溶性碱；有一定湿度。

提高混凝土耐久性的措施有：合理选用水泥品种；合理选用水灰比和水泥用量，对"最大水灰比"和"最小水泥用量"加以限制；选用良好的砂石材料，改善集料的级配；采用减水剂或加气剂；施工中加强搅拌、振捣、养护，严格控制施工质量。

三、普通水泥混凝土的配合比设计

1. 概述

混凝土中各组成材料用量之比即混凝土的配合比。混凝土的配合比设计就是根据原材料的性能和对混凝土的技术要求，通过计算和试配调整，确定出满足工程技术经济指标的混凝土各组成材料的用量。

(1) 混凝土配合比表示方法。

①单位用量表示法：以每 1 m³ 混凝土中各种材料的用量表示。例如，水泥：水：细集料：粗集料＝330 kg：180 kg：720 kg：1 250 kg。

②相对用量表示法以水泥质量为 1，并按"水泥：细集料：粗集料；水灰比"的顺序排列表示，例如，1：2.18：3.79；$W/C＝0.55$。

(2) 配合比设计的基本要求。

①满足结构设计的强度等级要求；

②满足混凝土施工所要求的坍落度（工作度）及和易性要求；

③满足工程所处环境对混凝土耐久性的要求；

④符合经济原则，即节约水泥，以降低混凝土成本。

（3）混凝土配合比设计的基本规定。

①混凝土配合比设计应采用工程实际使用的原材料；配合比设计所采用的细骨料含水率应小于 0.5%，粗骨料含水率应小于 0.2%。

②除配制 C15 及其以下强度等级的混凝土外，混凝土的最小胶凝材料用量应符合表 4-19 的规定。

表 4-19　最小胶凝材料用量

最大水胶比	最小胶凝材料用量/（kg·m⁻³）		
	素混凝土	钢筋混凝土	预应力混凝土
0.60	250	280	300
0.55	280	300	300
0.50	320		
≤0.45	330		

③长期处于潮湿或水位变动的寒冷和严寒环境以及盐冻环境的混凝土应掺用引气剂，引气剂掺量应根据混凝土含气量要求经试验确定，混凝土最小含气量最大不宜超过 7.0%。

④对于有预防混凝土碱骨料反应设计要求的工程，宜掺用适量粉煤灰或其他矿物掺合料，混凝土中最大碱含量不应大于 3.0 kg/m³；对于矿物掺合料碱含量，粉煤灰碱含量可取实测值的 1/6，粒化高炉矿渣粉碱含量可取实测值的 1/2。

（4）混凝土配合比设计的步骤。

①计算初步配合比；

②试拌调整，提出基准配合比；

③检验强度，确定试验配合比；

④换算施工配合比（工地配合比）。

2. 普通混凝土配合比设计方法（抗压强度为指标）

（1）初步配合比设计计算：

①确定试配强度（$f_{cu,0}$）。

当混凝土的设计强度等级小于 C60 时，配制强度应按式（4-15）确定：

$$f_{cu,0} \geqslant f_{cu,k} + 1.645\sigma \tag{4-15}$$

当混凝土的设计强度等级不小于 C60 时，配制强度应按式（4-16）确定：

$$f_{cu,0} \geqslant 1.15 f_{cu,k} \tag{4-16}$$

式中：$f_{cu,0}$——混凝土配制强度，MPa；

$f_{cu,k}$——混凝土立方体抗压强度标准值，这里取混凝土的设计强度等级值，MPa；

σ——混凝土强度标准差，MPa。

混凝土强度标准差应按下列规定确定：当具有近 1~3 个月的同一品种、同一强度等级混凝土的强度资料，且试件组数不小于 30 时，其混凝土强度标准差应按式（4-17）计算：

$$\sigma = \sqrt{\frac{\sum\limits_{i=1}^{n} f_{cu,i}^2 - n m_{f_{cu}}^2}{n-1}} \tag{4-17}$$

式中：σ——混凝土强度标准差；

$f_{cu,i}$——第 i 组的混凝土试件强度，MPa；

$m_{f_{cu}}$——n 组试件的强度平均值，MPa；

n——试件组数。

对于强度等级不大于 C30 的混凝土，当强度标准差计算值不小于 3.0 MPa 时，应按式（4-17）计算结果取值；当混凝土强度标准差计算值小于 3.0 MPa 时，应取 3.0 MPa。对于强度等级大于 C30 且小于 C60 的混凝土，当混凝土强度标准差计算值不小于 4.0 MPa 时，应按式（4-17）计算结果取值；当混凝土强度标准差计算值小于 4.0 MPa 时，应取 4.0 MPa。

当没有近期的同一品种、同一强度等级混凝土强度资料时，其强度标准差可按表 4-20 取值。

表 4-20　强度标准差

混凝土强度标准值	≤C20	C25~C45	C50~C55
σ	4.0	5.0	6.0

②计算水胶比。

当混凝土强度等级小于 C60 时，混凝土水胶比宜按式（4-18）计算：

$$\frac{W}{B} = \frac{\alpha_a f_b}{f_{cu,0} + \alpha_a \alpha_b f_b} \tag{4-18}$$

式中：W/B——混凝土水胶比；

α_a，α_b——回归系数，可按表 4-21 规定取值；

f_b——胶凝材料 28 d 胶砂抗压强度（MPa），可实测，也可以按表 4-21 确定。

表 4-21　回归系数（α_a，α_b）取值

系数＼粗骨料品种	碎石	卵石
α_a	0.53	0.49
α_b	0.20	0.13

当胶凝材料 28 d 胶砂抗压强度值无实测值时，可按式（4-19）计算：

$$f_b = \gamma_f \gamma_s f_{ce} \tag{4-19}$$

式中：γ_f、γ_s——粉煤灰影响系数和粒化高炉矿渣粉影响系数，可按表 4-22 选用。

f_{ce}——水泥 28 d 胶砂抗压强度（MPa），可实测，无实测值时，可按下式计算：

$$f_{ce} = \gamma_c f_{ce,g}$$

式中：γ_c——水泥强度等级富余系数，可按实际统计资料确定；当缺乏实际统计资料时，可按表 4-23 选用。

$f_{ce,g}$——水泥强度等级值（MPa）

表 4-22　粉煤灰影响系数（γ_f）和粒化高炉矿渣粉影响系数（γ_s）

种类掺量/%	粉煤灰影响系数 γ_f	粒化高炉矿渣粉影响系数 γ_s
0	1.00	1.00
10	0.85~0.95	1.00
20	0.75~0.85	0.95~1.00
30	0.65~0.75	0.90~1.00
40	0.55~0.65	0.80~0.90
50	—	0.70~0.85

说明：1. 采用 Ⅰ、Ⅱ 级粉煤灰宜取上限值；

2. 采用 S75 级粒化高炉矿渣粉宜取下限值，采用 S95 级粒化高炉矿渣粉宜取上限值，采用 S105 级粒化高炉矿渣粉可取上限值加 0.05；

3. 当超出表中的掺量时，粉煤灰和粒化高炉矿渣粉影响系数应经试验确定。

表 4-23　不同水泥强度等级值的富余系数（γ_c）

水泥强度等级	32.5	42.5	52.5
富余系数	1.12	1.16	1.10

③确定用水量。

塑性混凝土的用水量（m_{w0}）应符合表 4-24 的规定。

表 4-24　塑性混凝土的用水量　　　　　　　　　　　　　　　　mm

拌和物稠度		卵石最大公称粒径				碎石最大公称粒径			
项目	指标	10.0	20.0	31.5	40.0	16.0	20.0	31.5	40.0
坍落度	10~30	190	170	160	150	200	185	175	165
	35~50	200	180	170	160	210	195	185	175
	55~70	210	190	180	170	220	205	195	185
	75~90	215	195	185	175	230	215	205	195

说明：1. 用水量采用中砂时的取值。采用细砂时，每立方米混凝土用水量可增加 5~10 kg；采用粗砂时，可减少 5~10 kg。

2. 掺用矿物掺合料和外加剂时，用水量应相应调整。

④确定胶凝材料、矿物掺合料和水泥用量。

每立方米混凝土的胶凝材料用量（m_{b0}）应按式（4-20）计算，并应进行试拌调整，在拌和物性能满足的情况下，取经济合理的胶凝材料用量。

$$m_{b0} = \frac{m_{w0}}{W/B} \tag{4-20}$$

式中：m_{b0}——计算配合比每立方米混凝土中胶凝材料用量，kg/m³；

m_{w0}——计算配合比每立方米混凝土中水的用量，kg/m³；

W/B——混凝土水胶比。

每立方米混凝土中矿物掺合料用量（m_{f0}）应按式（4-21）计算：

$$m_{f0} = m_{b0}\beta_f \tag{4-21}$$

式中：m_{f0}——计算配合比每立方米混凝土中矿物掺合料用量，kg/m³；

β_f——矿物掺合料掺量（%）。

每立方米混凝土中水泥用量（m_{c0}）应按式（4-22）确定：

$$m_{c0} = m_{b0} - m_{f0} \tag{4-22}$$

式中：m_{c0}——计算配合比每立方米混凝土中水泥的用量，kg/m³。

表 4-25　钢筋混凝土中矿物掺合料最大掺量

矿物掺合料种类	水胶比	最大掺量/%	
		采用硅酸盐水泥时	采用普通硅酸盐水泥时
粉煤灰	≤0.40	45	35
	>0.40	40	30
粒化高炉矿渣粉	≤0.40	65	55
	>0.40	55	45
钢渣粉	—	30	20
磷渣粉	—	30	20
硅灰	—	10	10
复合掺合料	≤0.40	65	55
	>0.40	55	45
说明：1. 采用其他通用硅酸盐水泥时，宜将水泥混合材料掺量20%以上的混合材料量计入矿物掺合料；			
2. 复合掺合料各组分的掺量不宜超过单掺时的最大掺量；			
3. 在混合使用两种或者两种以上矿物掺合料时，矿物掺合料总掺量应符合表中复合掺合料的规定。			

⑤确定混凝土配合比的砂率。

混凝土配合比的砂率（β_s）应根据骨料的技术指标、混凝土拌和物性能和施工要求，参考既有历史来确定。当缺乏砂率的历史资料时，混凝土砂率的确定应符合下列规定：

a. 坍落度小于 10 mm 的混凝土，其砂率应经试验确定；

b. 坍落度为 10～60 mm 的混凝土，其砂率可根据粗骨料品种、最大公称粒径及水胶比按表 4-26 选取；

c. 坍落度大于 60 mm 的混凝土，其砂率可经试验确定，也可在表 4-26 的基础上，按坍落度每增大 20 mm 砂率增大 1‰的幅度予以调整。

表 4-26   混凝土砂率选取参照

水胶比	卵石最大公称粒径/mm			碎石最大公称粒径/mm		
	10.0	20.0	40.0	10.0	20.0	40.0
0.40	26～32	25～31	24～30	30～35	29～34	27～32
0.50	30～35	29～34	28～33	33～38	32～37	30～35
0.60	33～38	32～37	31～36	36～41	35～40	33～38
0.70	36～41	35～40	34～39	39～44	38～43	36～41

说明：1. 表中数值系中砂的选用砂率，对细砂或粗砂，可相应地减少或增大砂率；

2. 当采用人工砂配制混凝土时，砂率可适当增大；

3. 当只用一个单粒级粗骨料配制混凝土时，砂率应适当增大。

⑥计算粗、细骨料的用量。

当采用质量法计算混凝土配合比时，粗、细骨料用量应按式（4-23）计算：

$$m_{f0}+m_{c0}+m_{g0}+m_{s0+}m_{w0}=m_{cp}$$

$$\frac{m_{s0}}{m_{s0}+m_{g0}}\times100\%=\beta_s$$

（4-23）

式中：m_{f0}——计算配合比每立方米混凝土矿物掺合料用量，kg/m³；

m_{c0}——计算配合比每立方米混凝土的水泥用量，kg/m³；

m_{g0}——计算配合比每立方米混凝土的粗骨料用量，kg/m³；

m_{s0}——计算配合比每立方米混凝土的细骨料用量，kg/m³；

m_{w0}——计算配合比每立方米混凝土的用水量，kg/m³；

β_s——砂率，%；

m_{cp}——每立方米混凝土拌和物的假定质量，kg，可取 2 350～2 450 kg/m³。

当采用体积法计算混凝土配合比时，粗、细骨料用量应按式（4-24）计算：

$$\frac{m_{c0}}{\rho_c}+\frac{m_{w0}}{\rho_w}+\frac{m_{s0}}{\rho_s}+\frac{m_{g0}}{\rho_g}+0.01\alpha=1$$

（4-24）

$$\frac{m_{s0}}{m_{s0}+m_{g0}}\times100\%=\beta_s$$

式中：ρ_c——水泥密度，kg/m³，可实测，也可取 2 900～3 100 kg/m³；

ρ_g——粗骨料的表观密度，kg/m³；

ρ_s——细骨料的表观密度，kg/m³；

ρ_w——水的密度，kg/m³，可取 1 000 kg/m³；

β_s——砂率，%；

α——混凝土的含气量百分数。在不使用引气剂或引气型外加剂时，α 可取 1。

（2）配合比的试配、调整与确定。

①基准配合比的计算。

按混凝土初步计算配合比称取实际工程中使用的材料进行试拌。当试拌出的拌和物坍落度或维勃稠度不能满足要求，或黏聚性和保水性不良时，应在保持水灰比不变的条件下相应调整用水量和砂率，直到符合要求为止，然后提出供检验强度用的基准配合比。混凝土试配的最小搅拌量如表 4-27 所示。

表 4-27　混凝土试配的最小搅拌量

粗骨料最大公称粒径/mm	拌和物数量/L
≤31.5	20
40.0	25

混凝土拌和物和易性调整方法有：

若坍落度不满足，S 过小——应保持 W/C 不变，增加水泥浆量；S 过大——保持砂率不变，增加骨料用量。若黏聚性、保水性不满足要求，则应保持骨料总量不变，调整砂率。

调整时间不超过 20 min，直到符合要求。根据调整后的材料用量计算砼拌和物的基准配合比：

$$m_{c0} = \frac{m_{c0}}{m_{c0}+m_{s0}+m_{g0}+m_{w0}} \times \rho_{0A}$$

$$m'_{s0} = \frac{m_{s0}}{m_{c0}+m_{s0}+m_{g0}+m_{w0}} \times \rho_{0A}$$

$$m'_{g0} = \frac{m_{g0}}{m_{c0}+m_{s0}+m_{g0}+m_{w0}} \times \rho_{0A}$$

$$m'_{w0} = \frac{m_{w0}}{m_{c0}+m_{s0}+m_{g0}+m_{w0}} \times \rho_{0A}$$

(4-25)

②强度复核。

采用 3 个水灰比不同的配合比：基准配合比的水灰比；基准配合比的水灰比＋0.05；基准配合比的水灰比－0.05。

用水量与基准配合比相同，砂率可做适当调整（增、减 1%）。每个配合比做一组试件，进行标准养护 28 d，测出混凝土的抗压强度（如图 4-30 所示）。

③试验室配合比确定。

根据强度检验结果、湿表观密度进一步修正配合比，可得到试验室配合比设计值。可按下列原则确定单位混凝土的材料用量：

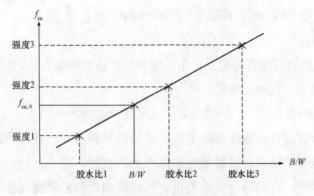

图 4-30 胶水比强度直线关系

a. 确定用水量（m_w）。

取基准配合比中的用水量（m_w），并根据制作强度检验试件时测得的坍落度（或维勃稠度）值加以适当调整。

b. 确定水泥用量（m_c）。

取用水量由"强度—水灰比"关系定出，以达到配制强度（$f_{cu,0}$）所必需的水灰比。

c. 取基准配合比中砂、石用量，并按定出的水灰比做适当调整。

根据实测拌和物湿表观密度修正配合比：

a. 根据强度检验结果修正后定出的混凝土配合比，计算出砼的"计算湿表观密度"（ρ'_{cp}）：

$$\rho'_{cp} = m_{cb} + m_{sb} + m_{gb} + m_{wb} \tag{4-26}$$

b. 将混凝土的实测表观密度（ρ_{cp}）除以计算湿表观密度（ρ'_{cp}）得出校正系数（δ）：

$$\delta = \frac{\rho_{cp}}{m_{cb} + m_{sb} + m_{gb} + m_{wb}} = \frac{\rho_{cp}}{\rho'_{cp}} \tag{4-27}$$

c. 将砼配合比中各项材料用量乘以校正系数（δ），最终确定试验室配合比设计值。

$$
\begin{aligned}
m'_{cb} &= m_{cb} \cdot \delta \\
m'_{sb} &= m_{sb} \cdot \delta \\
m'_{gb} &= m_{gb} \cdot \delta \\
m'_{wb} &= m_{wb} \cdot \delta \\
m'_{cb} : m'_{sb} : m'_{gb} : m'_{wb} &= 1 : \frac{m'_{sb}}{m'_{cb}} : \frac{m'_{gb}}{m'_{cb}} : \frac{m'_{wb}}{m'_{cb}}
\end{aligned}
\tag{4-28}
$$

（3）施工配合比确定。

设计配合比是以干燥状态骨料为基准，而工地存放的砂、石都含有一定的水分。所以现场材料的实际称量应按工地砂石的含水情况进行修正，修正后的配合比为施工配合比。根据砂、石的实际含水率，将试验室配合比换算为施工配合比。设施工现场实测砂、石含水率分别为 $a\%$、$b\%$，则：

$$m_c = m'_{cb}$$
$$m_s = m'_{sb} \ (1+a\%)$$
$$m_g = m'_{gb} \ (1+b\%)$$
$$m_w = m'_{wb} - (m'_{wb} \cdot a\% + m'_{wb} \cdot a\%)$$

$$(4\text{-}29)$$

知识扩展

一、混凝土外加剂

在拌制混凝土过程中掺入量不大于水泥质量 5%（特殊情况除外），用以改善混凝土性能的材料，称为混凝土外加剂。

混凝土外加剂的种类繁多，按其主要功能归纳有如表 4-28 所示的几种。

表 4-28　混凝土外加剂分类

类　　别		使用效果
减水剂	普通减水剂	提高强度或改善和易性
	高效减水剂（流化剂或称超塑剂）	配制流动混凝土或早强高强混凝土
引气剂		增加含气量，改善和易性，提高抗冻性
调凝剂	缓凝剂	延缓凝结时间，降低水化热
	早强剂（促凝剂）	提高混凝土早期强度
	速凝剂	速凝，提高早期强度
防冻剂		使混凝土在负温下水化，达到预期强度
防水剂		提高混凝土抗渗性，防止潮气渗透
膨胀剂		减少干缩

1. 减水剂

减水剂是在混凝土坍落度基本相同的条件下，能减少拌和用水的外加剂。加入减水剂的经济效益如下：

（1）当混凝土配合比不变时，可不同程度地增大坍落度，且不影响混凝土的强度。

（2）如果保持流动性和水泥用量不变，则可减少拌和用水量 10%～20%，使水灰比降低、混凝土强度提高 15%～20%，同时也可提高耐久性。

（3）如果保持混凝土强度和流动性不变，则可节约水泥用量 10%～15%。

2. 引气剂

掺入混凝土中经搅拌能引入大量分布均匀的微小气泡，以改善混凝土拌和物的和易性，并在硬化后仍能保留微小气泡，以改善混凝土抗冻性的外加剂称为引气剂。对于新拌混凝土，由于这些气泡的存在，可改善工作性，减少泌水和离析。对硬化后的混凝土，由于气泡彼此隔离切断毛细孔信道，水分不易渗入，又可缓冲其水分结冰膨胀的作用，因而提高了混凝土的抗冻性、抗渗性和抗蚀性。但是，由于气泡的存在，混凝土强度会有所降低。

3. 缓凝剂

缓凝剂的作用是延缓水泥的凝结时间。缓凝剂的缓凝作用是由于在水泥颗粒表面形成了不溶性物质，使水泥悬浮体的稳定程度提高并抑制水泥颗粒凝聚，因而延缓水泥的水化和凝聚。

4. 早强剂

能提高混凝土早期强度，并对后期强度无显著影响的外加剂，称为早强剂。混凝土中掺入早强剂，可缩短混凝土的凝结时间、提高早期强度，常用于混凝土的快速低温施工。但掺加了氯化钙早强剂，会加速钢筋的锈蚀，因此氯化钙的掺量应加以限制，通常对于配筋混凝土不得超过1%，无筋混凝土掺量亦不宜超过3%。氯化钙早强剂一般与阻锈剂复合使用。

5. 速凝剂

速凝剂是促使水泥迅速凝结的外加剂。掺量通常为水泥用量的2.5%～4.0%，可以保证水泥初凝时间在5 min之内、终凝在10 min内完成。速凝剂可用于桥梁隧道的修补、抢修等工程。

6. 防水剂

混凝土防水剂是一种能减少孔隙和堵塞毛细通道，用以降低混凝土在静水压力下透水性的外加剂。掺入防水剂后，混凝土的抗渗性大大增强。由于水工结构、地下室、隧道等混凝土工程抗渗和防水要求均较高，故可选用适宜的防水剂和防水复合外加剂。

二、其他功能混凝土

1. 道路混凝土

道路混凝土主要是指路面混凝土。混凝土路面板直接承受车辆荷载的冲击、摩擦和反复弯曲作用，同时由于长期暴露在自然环境条件下，板中的温度、湿度经常随环境的变化而受到影响。这就决定了作为路面面层所用的混凝土应具有较高的抗折强度和抗疲劳强度以及抗滑性，同时还应具有耐久性好、弹性模量低和收缩小等优点。另外，为便于施工操作，还要求道路混凝土具有良好的和易性。

2. 高强混凝土

强度等级在C60及其以上的混凝土称为高强混凝土。为了减轻自重、增大跨径，现代高架公路、立体交叉和大型桥梁等混凝土结构均采用高强混凝土。

3. 轻集料混凝土

采用轻集料混凝土作为桥梁建筑材料是近年来研究的新动向。用轻粗集料、轻细集料（或普通砂）和水泥配制成的混凝土，其干表观密度不大于 1 900 kg/m³ 的，称为轻集料混凝土。

轻集料混凝土应用于桥梁工程，可减轻自重、增大跨度、节约工程投资。但是由于轻集料混凝土的弹性模量较低、徐变较大等问题还需进一步研究，目前仅应用于中小型桥梁，大跨度桥梁中应用较少。

4. 流态混凝土

流态混凝土是在预拌的坍落度为 80～120 mm 的基体混凝土拌和物中，加入外加剂（流化剂），经过二次搅拌，使基体混凝土拌和物的坍落度等于或大于 160 mm，能自流填满模型或钢筋间隙的混凝土，又称超塑性混凝土。它是由基体混凝土、流化剂、掺合料组成的新型混凝土。

流态混凝土具有下列特点：流动性好，能填满模型或钢筋间隙，适于泵送，施工方便；由于使用流化剂，可大幅度降低水灰比而不需多用水泥，避免了水泥浆多带来的缺点，可制得高强、耐久、不渗水的优质混凝土，一般有早强和高强效果。流态混凝土流动度大，但无离析和泌水现象。

流态混凝土在道路与桥梁工程中应用日益广泛，越江隧道的水泥混凝土路面、斜拉桥的混凝土主塔以及地铁的衬砌封顶等均须采用流态混凝土。

5. 纤维增强混凝土

纤维增强混凝土简称纤维混凝土，是以水泥混凝土为基材与不连续而分散的纤维为增强材料所组成的一种复合材料。掺入的短纤维可以改善混凝土的脆性，从而提高混凝土的抗拉强度和韧性。常作为增强材料的纤维有钢纤维、玻璃纤维、合成纤维和天然纤维等。目前用于道路路面或桥梁桥面混凝土的增强纤维主要为钢纤维。

钢纤维与混凝土组成复合材料后，可使混凝土的抗弯拉强度、抗裂强度、韧性和冲击强度等性能得到改善，所以钢纤维混凝土广泛应用于道路与桥隧工程中，如机场道面、高等级路面、桥梁桥面铺装和隧道衬砌等工程。

6. 滑模混凝土

滑模混凝土是采用滑模摊铺机摊铺的，满足摊铺工作性、强度及耐久性等要求的较低塑性水泥混凝土材料。

滑模混凝土广泛使用于水泥混凝土路面、大型桥面、机场跑道、城市快车道、停车场、大面积地坪和广场混凝土道面上，具有良好的使用效果。

项目四 钢 筋

××大桥箱梁为预应力钢筋混凝土结构。现质量监督部门对该工地现场所用原材料钢筋质量提出疑问。作为施工方，为了验证该钢筋质量合格，可以用于该工程，做了如下工作。

任务一 钢筋抗拉强度测定

一、试验目的
确定钢筋抗拉强度，评定钢筋质量是否合格。

二、试验仪具
（1）各种类型拉力试验机（图 4-31）均可使用。

（2）根据试样尺寸测量精度的要求，选用相应精度的任两种量具或仪器，如螺旋千分尺（图 4-32）、游标卡尺（图 4-33）或精度更高的测微仪、钢板尺、钢卷尺等。

图 4-31 拉力试验机　　　　图 4-32 螺旋千分尺

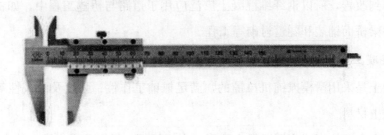

图 4-33 游标卡尺

三、试样

（1）尺寸测量：钢筋直径的测量精确到 0.1 mm。

（2）取样长度：直径大于 4 mm 的钢筋，两夹头间的长度应足够，以使试样原始标距的标记与最近夹头间近的距离不小于 1.5 d。试验机两夹头间的自由长度应至少为 l_0+50 mm。如不测定断后伸长率，则两夹头间的最小自由长度可以为 50 mm。

（3）标距：比例试样，原始标距与原始横截面积有 $L_0=k\sqrt{A_0}$ 关系。

注：国际上使用的比例系数后值为 5.65。

（4）原始标距（L_0）的标记：应用小标记、细划线或细墨线标记原始标距，但不得用引起过早断裂的缺口作标记。

对于比例试样，应将原始标距的计算值修约至最接近 5 mm 的倍数，中间数值向较大一方修约。原始标距的标记应准确到 $\pm1\%$。

四、试验条件

1. 试验速率

（1）测定下屈服强度（R_{el}）。

若仅测定下屈服强度，则在试样平行长度的屈服期间应变速率应为 0.000 25～0.002 5/s。平行长度内的应变速率应尽可能保持恒定。如不能直接调节这一应变速率，则应通过调节屈服即将开始前的应力速率来调整，在屈服完成之前不再调节试验机的控制。

（2）测定抗拉强度（R_m）的试验速率。

①塑性范围。平行长度的应变速率不应超过 0.008/s。

②弹性范围。如试验不包括屈服强度或规定强度的测定，则试验机的速率可以达到塑性范围内允许的最大速率。

2. 夹持方法

应使用如楔形夹头、螺纹夹头、套环夹头等合适的夹具夹持试样；应尽最大努力确保夹持的试样受轴向拉力的作用。当试验脆性材料或测定屈服强度时尤为重要。

3. 试验温度

一般在室温 10 ℃～35 ℃内进行。对温度要求严格的试验，试验温度应为 23 ℃±5 ℃。

4. 性能测定

（1）上屈服强度和下屈服强度的测定。

呈现明显屈服（不连续屈服）现象的金属材料，应测定上屈服强度或下屈服强度，或两者均测。如未具体规定，则应测定上屈服强度和下屈服强度（如图 4-34 所示）。

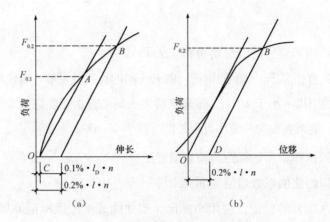

图 4-34   无屈服平台的应力应变曲线

①图解方法：试验时记录力—延伸曲线或力—位移曲线图。从曲线图读取力首次下降前的最大力和不计初始瞬时效应时屈服阶段中的最小力或屈服平台的恒定力。将其分别除以试样原始横截面积（A_0）得到上屈服强度和下屈服强度。仲裁试验采用图解方法。

②指针方法：试验时，读取测力度盘指针首次回转前指示的最大力和不计初始瞬时效应时屈服阶段中指示的最小力或首次停止转动指示的恒定力，将其分别除以试样原始横截面积（A_0）得到上屈服强度和下屈服强度。

③可以使用自动装置（如微处理机等）或自动测试系统测定上屈服强度和下屈服强度，可以不绘制拉伸曲线图。

（2）抗拉强度的测定。

采用图解方法或指针方法测定抗拉强度。对于呈现明显屈服（不连续屈服现）现象的金属材料，从记录的力—延伸或力—位移曲线图，或从测力度盘中，读取过了屈服阶段以后的最大力（如图 4-35 所示）；对于呈现无明显屈服（连续屈服）现象的金属材料，从记录的力—位移曲线图，或从测力度盘中，读取试验过程中的最大力。最大力除以试样原始横截面积（A_0）得到抗拉强度。可以使用自动装置（如微处理机等）或自动测试系统测定抗拉强度，不绘制拉伸曲线图。

5. 实验结果

（1）屈服强度：

$$\sigma_s = \frac{F_s}{S_0} \tag{4-30}$$

式中：F_s——相当于所求应力的负荷，N；

$\quad\quad S_0$——试样的原横截面积，mm^2；

$\quad\quad \sigma_s$——屈服强度，MPa，计算精确度应达 5 MPa。

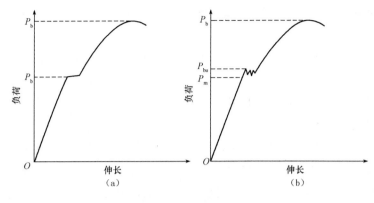

图 4-35　最大力

（2）伸长率：

$$\delta_n = \frac{l_1 - l_0}{l_0} \times 100\% \qquad (4\text{-}31)$$

式中：l_1——试样拉断后标距部分的长度，mm；

　　　l_0——试样原标距的长度，mm；

　　　n——长试样及短试样的标志；

　　　δ_n——试样的伸长率，计算精确度应达 0.5%；长试样 $\delta_n = 10$，伸长率为 10；短试样 $\delta_n = 5$，伸长率为 5。

小锦囊

（1）试验出现下列情况之一，其试验结果无效，应重做同样数量试样的试验。

①试样断在标距外或断在机械刻划的标距标记上，且断后伸长率小于规定最小值；

②试验期间设备发生故障，影响了试验结果。

（2）试验后试样出现两个或两个以上的缩颈以及显示出肉眼可见的冶金缺陷（如分层、气泡、夹渣、缩孔等），应在试验记录和报告中注明。

（3）钢筋做拉伸试验的两根试样中，如果其中一根试样的屈服强度、抗拉强度、伸长率三个指标中，有一个指标不符合规定要求，即拉力试验不合格，应再取双倍数量的试样重新测定三个指标。在第二次拉伸试验中，如果仍有一个指标不符合规定要求，则不论这个指标在第一次试验中是否合格，拉力试验项目也不合格，该批钢筋即不合格品。

> **知识点**
>
> 抗拉强度是钢筋的基本力学性质。为了测定钢筋的抗拉强度，将标准试样放在压力机上，逐渐加一个缓慢的拉力荷载，观察由于这个荷载的作用所产生的弹性和塑性变形，直至试样拉断为止，即可求得钢筋的屈服点、抗拉强度、伸长率等指标，用以评定钢筋质量是否合格。
>
> 屈服点对钢材使用有重要的意义，当构件的实际应力超过屈服点时，将产生不可恢复的永久变形。另外，当应力超过屈服点时，受力大的部分应力不再提高，即自动将荷载重新分配给某些应力较小的部分。因此，设计中一般以屈服点作为强度取值的基础。中碳钢和高碳钢没有明显的屈服点，通常以标距部分残余变形为原标距长度的 0.2% 的应力作为屈服强度，表示为 $\sigma_{0.2}$。

任务二　金属材料弯曲性能测定

一、试验目的和适用范围

适用于金属材料相关产品标准规定试样的弯曲试验，测定其弯曲塑性变性能力，但不适用于金属管材和金属焊接接头的弯曲试验。

二、仪器设备

弯曲试验可用压力机、特殊试验机、万能试验机或圆口老虎钳等设备。

三、试验准备

（1）试验使用圆形、方形、矩形或多边形横截面的试样，试样表面不得有划痕和损伤。

（2）试样的宽度、厚度或直径应符合相关产品的标准要求。

（3）直径或多边形横截面的内切圆直径不大于 50 mm 的产品，其试样横截面应为产品的横截面。钢筋类的产品均以其全截面进行试验。

（4）试样的长度应根据试样的厚度和所使用的试验设备确定。

四、试验条件

试验一般在 10 ℃～35 ℃的室温内进行。对温度要求严格的试验，试验温度应为 23 ℃±5 ℃。

五、试验步骤

（1）试样弯曲至规定弯曲角度的试验，应将试样放于两支辊（图 4-36）上，试样轴线应与弯曲压头轴线垂直，弯曲压头在两支座之间的中点处对试样连续施加力使其弯曲，直到达到规定的弯曲角度。如不能直接达到规定的弯曲角度，则应将试样置于两平行压板之间，连续施加力压，使其两端进一步弯曲，直到达到规定的弯曲角度。

（2）试样弯曲至180°角、两臂相距规定距离且相互平行的试验时，首先对试样进行初步弯曲（弯曲角度应尽可能大），然后将试样置于两平行压板之间（图 4-36）连续施加力压，使其两端进一步弯曲，直到两臂平行。试验时可以加或不加垫块。除非产品标准中另有规定，否则垫块厚度应等于规定的弯曲压头直径。

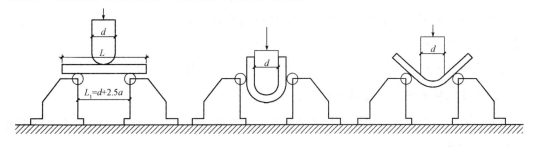

图 4-36　钢筋弯曲

（3）试样弯曲至两臂直接接触的试验，应首先将试样进行初步弯曲（弯曲角度应尽可能大），然后将其罩于两平行压板之间（图4-37），连续施加力压使其两端进一步弯曲，直到两臂直接接触。

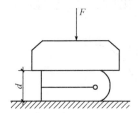

图 4-37　弯曲至两臂接触

（4）弯曲试验时，应缓慢施加弯曲力。

小锦囊

（1）应按照相关产品标准的要求评定弯曲试验结果。如未规定具体要求，则弯曲试验后试样弯曲外表面无肉眼可见裂纹应评定为合格。

（2）相关产品标准规定的弯曲角度认作为最小值；规定的弯曲半径认作为最大值。

知识点

冷弯性能是指钢材在常温条件下承受弯曲变形的能力，并显示其缺陷的一种性能。冷弯性能是以规定尺寸的试件，在常温条件下进行弯曲试验。按我国现行国家标准规定，有下列三种类型：

①达到某规定角度的弯曲；

②绕着弯心弯到两面平行；

③弯到两面接触的重合弯曲。

按规定试件弯曲处不产生裂缝、断裂和起层等现象即认为合格。

钢材是重要的工程建筑材料，具有较高的强度和硬度，有一定的塑性和韧性，并能进行焊接、铆接和切割等工艺，因而广泛用于建筑工程中。

建筑钢材有各种型钢钢管、钢板以及钢筋混凝土中所用的各种钢筋和钢丝。

一、建筑钢材的技术性质和技术标准

桥梁建筑用钢和钢筋混凝土用钢筋的基本技术性能包括：抗拉性能、塑性、冷弯性能、硬度和冲击韧性等。

1. 抗拉性能

将钢材制成标准形状和尺寸的拉伸试件，在拉伸试验机上加载直至拉断为止。这样，便可绘出拉伸图（应力—应变图）。低碳钢的拉伸如图 4-38 所示。图 4-38 中的曲线可明显地划分为四个阶段：弹性阶段、屈服阶段、强化阶段和缩颈阶段。

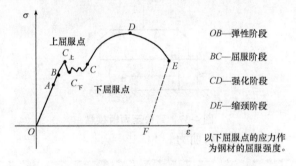

图 4-38 钢筋拉伸

如图 4-38 所示，OB 是一条直线，在 OB 范围内如果卸去荷载，则试件变形能恢复原状，呈弹性变形，与 B 点对应的应力称为弹性极限，用 σ_e 表示。B 点以后，应力与应变不成正比关系，这时如果卸去外力，试件变形不能完全消失，表明已出现塑性变形。力继续增加则达到屈服阶段，在屈服阶段，锯齿形的最高点 $C_上$ 所对应的应力称为屈服上限（σ_{sv}），锯齿形的最低点 $C_下$ 所对应的应力称为屈服下限（σ_{sL}）。上屈服点与试验过程中的许多因素有关，而下屈服点较为稳定，所以规范规定，以 $C_下$ 点对应的应力为屈服点，试件在屈服阶段以后，其抵抗塑性变形的能力重新提高，故称为强化阶段。D 点的应力称为抗拉强度，用 σ_b 表示。因此，抗拉强度是试样在拉断以前所承受的最大负荷对应的应力，它表示材料在拉力作用下抵抗破坏的最大能力。

抗拉强度在设计中虽不能直接利用，但是屈服点与抗拉强度之比 σ_s/σ_b（屈强比）对结构的应用有较大的意义。屈强比大，说明在钢材受力超过屈服点工作时的可靠性越大，结构越安全，即延缓结构过程的潜力越大；屈强比太小，表示钢材强度的利用率偏低，不够经济。所以，屈服强度和抗拉强度是钢材力学性能的主要检验指标。

2. 塑性

钢材在受力破坏前可以经受永久变形的性能，称为塑性。钢材的塑性指标用伸长率和断面收缩率表示。

（1）伸长率（δ）又称延伸率，是指试样拉断后，其标距部分所增加的长度与原标距长度的百分比。钢的伸长率越大，表示塑性越好。

（2）断面收缩率（ψ）是指拉断后缩颈处横截面面积的最大缩减量与原横截面面积的百分比。

伸长率与收缩率都反映了钢材的变形性能。伸长率与收缩率越大，表明钢材越好，钢材越易加工，且易保证质量。一般以 δ≥15％、ψ≥10％为宜。

3. 冷弯性能

冷弯性能是指钢材在常温条件下承受弯曲变形的能力，并显示其缺陷的一种性能。钢材在使用之前，有时需要进行一定形式的加工，如钢筋常需弯起一定的角度。冷弯性能良好的钢材，可以保证钢材进行冷加工后无损于制成品的质量。冷弯与伸长率一样，都是表明钢材在静荷作用下的塑性。

冷弯性能是以规定尺寸的试件，在常温条件下进行弯曲试验。按我国现行国家标准规定，有下列三种类型：

①达到某规定角度的弯曲；

②绕着弯心弯到两面平行；

③弯到两面接触的重合弯曲。

按规定试件弯曲处不产生裂缝、断裂和起层等现象即认为合格。钢筋电焊接头的可靠性亦常用此试验检查。

4. 硬度

钢材表面局部体积内抵抗硬物体压入的能力称为硬度。钢材硬度值越高，表示它抵抗局部塑性变形的能力越大。硬度值与强度指标和塑性指标有一定的相关性。

我国现行国家标准测定金属硬度的方法有：布氏硬度、洛氏硬度和维氏硬度三种。最常用的为布氏硬度（如图 4-39 所示）和洛氏硬度。

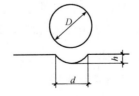

图 4-39　布氏硬度实验原理

5. 冲击韧性

冲击韧性是钢材在瞬间动荷载作用下,抵抗破坏的能力。钢材在温度降低至负温度后,其冲击韧性将显著降低。因此,对于在负温度下承受冲击、重复荷载作用的结构,必须对钢材的冲击韧性予以鉴定。

钢材的强度、塑性、韧性和硬度是钢材最基本的力学性质,常用的指标是强度和塑性。建筑用钢材主要进行钢材的拉伸及冷弯试验。

二、钢筋混凝土结构用钢材

1. 桥梁建筑用钢的技术要求

用于桥梁建筑的钢材,根据工程使用条件和特点应具备下列技术要求:

(1) 良好的综合力学性能。

桥梁结构在使用中承受复杂的交通荷载,同时在无遮盖的条件下经受严酷环境的考验,必须具有良好的综合机械性能。除具有较高的屈服点与抗拉强度外,还应具有良好的塑性、冷弯、冲击韧性和抵抗振动应力、疲劳强度以及低温(—40 ℃)的冲击韧性。

(2) 良好的焊接性。

由于近代焊接技术的发展,桥梁钢结构趋向于采用焊接结构代替铆接结构,以加快施工速度和节约钢材。桥梁在焊接后不易整体进行热处理,因此要求钢材具有良好的焊接性,即焊接的连接部分应强而韧,其强度与韧性应不低于焊件本身,以防止产生硬化脆裂和内应力过大等现象。

(3) 良好的抗蚀性。

桥梁长期暴露于大气中,所以要求桥梁用钢具有良好的抵抗大气因素腐蚀的性能。

2. 桥梁建筑用主要钢材

由于结构需要承受车辆等荷载的作用,同时需要经受各种大气因素的考验,对于桥梁用钢材,要求具有高的强度及良好的塑性、韧性和可焊性。因此,桥梁建筑用钢材、钢筋,就其用途分类来说,均属于结构钢;就质量来说,都属于普通钢;按其含碳量分类来说,均属于低碳钢。所以桥梁结构用钢和混凝土属于碳素结构或低合金钢结构。受钢的性质、来源和成本影响,目前在桥梁建设中常使用的钢材种类为:普通碳素结构钢、优质碳素结构钢、低合金结构钢、钢筋混凝土和预应力混凝土用钢筋与钢丝等。

在表示碳素结构钢的牌号时,用代表屈服点的字母、屈服点数值、质量等级符号、脱氧方法、符号等表示。例如在 Q235—A. F 中,Q 表示钢材屈服点,235 表示钢材屈服点的数值,A 表示质量等级,F 表示脱氧方法。

3. 钢筋混凝土和预应力混凝土用钢筋和钢丝

(1) 热轧钢筋。

热轧钢筋主要应用于钢筋混凝土结构中,分为热轧光圆钢筋(图 4-40)和热轧带肋钢筋(图 4-41)。

图 4-40　热扎光圆钢筋

图 4-41　热扎带肋钢筋

根据现行国家标准的规定，光圆钢筋是指横截面通常为圆形，表面光滑的钢筋混凝土配筋用钢材。热轧光圆钢筋是指经热轧成型并自然冷却后的成品光圆直条钢筋。钢筋的长度一般为 3.5～12 m，公称直径为 8 mm、10 mm、12 mm、16 mm、20 mm 等几种。此外，钢筋混凝土中还经常使用低碳钢热轧圆盘条。

热轧带肋钢筋是钢筋混凝土结构中使用的主要钢筋类型，由低合金钢轧制而成。横截面为圆形，外表带肋，长度方向有两条纵肋及均匀分布的月牙状横肋，其几何形状如图 4-42 所示。

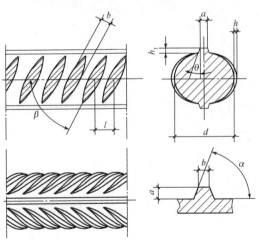

图 4-42　月牙带肋钢筋

钢筋混凝土结构对热轧钢筋的要求是：力学强度较高，具有一定的塑性、韧性、冷弯性能和焊接性。光圆钢筋的强度较低，但塑性及焊接性好，便于冷加工，广泛用作普通钢筋混凝土中的非预应力钢筋；热轧带肋钢筋的强度较高，塑性及焊接性也较好，广泛用作大、中型钢筋混凝土结构的受力钢筋以及预应力钢筋。

（2）冷加工钢筋。

钢材在常温下进行加工处理称为冷加工。钢筋的冷加工有冷拉、冷拔和冷轧三种。其中钢筋的冷拉和冷拔是目前常用的加工工艺。

①冷拉钢筋。

为了提高强度以节约钢筋，工程中常按施工规程对钢筋进行冷拉。由于冷拉钢筋的塑性、韧性较差，易于发生脆断，因此，冷拉钢筋不宜用于负温及受冲击或重复荷载作用的结构。

②冷拔低碳钢丝。

冷拔低碳钢丝是用 6～8 mm 的碳素结构 Q235 或 Q215 盘条，通过拔丝机进行多次强力拉拔而成（图 4-43）。根据规定，冷拔低碳钢丝分为甲、乙两级。甲级钢丝主要用作预应力筋，乙级钢丝用于焊接网、焊接骨架、箍筋和构造钢筋等。

图 4-43　冷拔钢筋

冷拔低碳钢丝由于经过反复拉拔强化，强度大为提高，但塑性显著降低，脆性随之增加，属硬钢类钢筋。由于加工时受到原材料质量和工艺的影响较大，常有强度和塑性离散性较大情况，故使用时应注意分析。

③冷轧钢筋。

冷轧钢筋强度高、焊接性好，广泛用于中、小预应力混凝土结构构件和普通钢筋混凝土结构构件中，也适用于上述构件的制造和用冷轧带肋钢筋或冷轧光圆钢筋焊接而成的钢筋网。

4. 钢绞线

钢绞线（图 4-44）由优质碳素结构钢经过冷加工、热处理、冷轧、绞捻等过程制得。它们的特点是强度高、安全可靠、便于施工，一般用于预应力混凝土结构中。钢绞线具有强度高、柔性好、质量稳定、成盘供应无须接头等优点，主要用于大跨度、大承载量的后张法预应力结构。

图 4-44　钢绞线

知识扩展

一、钢材的分类

1. 按化学成分分类

(1) 碳素钢：钢的化学成分主要是铁，其次是碳，还有少量的硅、锰、磷、硫、氧、氮等。碳素钢按含碳量可分为：

①低碳钢：含碳量小于 0.25%；

②中碳钢：含碳量介于 0.25%～0.60%；

③高碳钢：含碳量大于 0.60%。

(2) 合金钢：冶炼过程中，在钢中引入一种或几种合金元素，如锰、铬、镍、钛、钒等，受合金元素的影响，钢的某些性质得到改善，将这种钢称为合金钢。合金钢按合金元素的含量可分为：

①低合金钢：合金总量小于 5%；

②中合金钢：合金总量介于 5%～10%；

③高合金钢：合金总量大于 10%。

2. 按杂质含量分类

碳素钢中含有磷、硫、氧、氮、氢等有害杂质，降低了钢的质量。因此，按供应的钢材化学成分中有害杂质的含量不同又可划分为：

(1) 普通钢：磷含量不大于 0.045%，硫含量不大于 0.055%；

(2) 优质钢：磷含量不大于 0.035%～0.040%，硫含量不大于 0040%；

(3) 高级优质钢：磷含量不大于 0.035%，硫含量不大于 0.030%。

3. 按用途分类

(1) 结构钢：用于各类工程结构；

(2) 工具钢：用于各类切削工具等；

（3）特殊钢：具有某种特殊物理化掌性质，如耐酸钢、耐热钢、不锈钢等。

4. 按脱氧程度分类

（1）沸腾钢（F）：脱氧不充分的钢；

（2）镇静钢（Z）：脱氧充分的钢；

（3）半镇静钢（B）：介于沸腾钢和镇静钢之间的钢；

（4）特殊镇静钢（Tz）：比镇静钢脱氧还充分的钢。

二、钢材的化学成分对性能的影响

（1）碳：碳是决定钢性能的主要元素。随着含碳量的增加，钢的强度和硬度相应提高，而塑性和韧性则相应降低。但含碳量过高会增加钢的冷脆性和时效敏感性，降低抗大气腐蚀性和可焊性。

（2）硅：硅的含量很少时（小于 0.15%），对钢的性能无显著影响，随着硅含量增高，钢的强度、弹性及硬度都提高，而塑性、韧性及锻造和焊接性却降低。

（3）锰：钢中含锰量增加，钢的强度、硬度和耐磨性都提高，但塑性及冲击韧性降低。

（4）硫：硫是在炼钢时由矿石与燃料带到钢中的杂质。硫的存在，使钢的热加工性能和可焊性变差，降低了钢的冲击韧性、疲劳强度和抗腐蚀性。因此，是钢中的有害元素。

（5）磷：磷也是由矿石带到钢中的，它能使钢的屈服点和抗拉强度提高，塑性和韧性下降，特别是低温下冲击韧性降低显著。

三、钢材的腐蚀与腐蚀的防止

1. 钢材的腐蚀

根据钢材表面与周围物质作用的不同，把钢材的腐蚀分为化学腐蚀和电化学腐蚀。

2. 腐蚀的防止

防止钢材腐蚀的方法主要有保护膜法、电化学保护法及合金化等方法。

保护膜法（又名隔离保护层法）是利用保护膜使金属与周围介质隔离，从而避免或减缓外界腐蚀性介质对钢材的破坏作用，如在钢材表面喷涂在空气中稳定的涂料，或以金属镀层作为保护膜，如镀锌、锡等。这是常用的防腐蚀的方法。

电化学保护法分阳极保护法和阴极保护法两种。

合金化，即制成合金钢，在钢中加入能提高抗腐蚀能力的合金元素，这样可以显著地提高抗腐蚀能力。